心宽念纯

——追求美善人生

释证严 著

编辑缘起

"众生病，故菩萨病"，《维摩诘经》明确地说明了：菩萨感应一切众生之病苦，如是之故，生慈悲心。"济世救人，慈悲为怀"，正是慈济的精神中心与志业之所向。

"佛教克难慈济功德会"于一九六六年创办。从"慈善志业"起步，证严上人深知贫苦多因"病"而起，是以赓续"医疗志业"之践履，继之"教育志业""人文志业"次第推广施行。前四十年间，四大志业依序而进，粲然有成。

第五个十年的开始，上人提醒慈济人不忘本心、发心如初，从做中学、学中觉，知行合一，体会佛法真谛。常说直心即道场，"做慈济"更是道场，慈济人充分践履师志，力行"佛法生活化，菩萨人间化"。

因觉知众生之苦，悲心相契，因救拔众生之苦，而同体大悲，人命有其局限，慧命却可无穷。追求慧命成长的路上，上人带领慈济人一路前行，随机逗教，法水洗去胸中之尘垢，不仅内求解脱，亦可外助他人。

心宽念纯

上人说："心宽是善，念纯是美，心宽念纯能令人欢喜，也就是人文的根本。"期待更多发心菩萨，秉持真诚的爱心、纯真宽大的心胸而付出，共同成就美善人间。

目次

心宽念纯

心宽念纯

心宽念纯

I 真正的富有

人之所以不得自在，多数是因为得失之心，一般人若是有所付出，就希望有所回报。所谓："富者患失，贫者患得。"家庭贫困或是有欠缺的时候，就会斤斤计较，想"得"到心中所要的。富有的人拥有财富、地位，却也时时担心有所损"失"，这都是人生不得自在的原因。

当佛陀在舍卫国时，地方上有一位长者，这位长者有个独生子。长者给儿子非常富裕的生活，但是这孩子却非常贡高傲慢、欲望很大，对父母不孝顺，对亲戚长辈没有恭敬心，对朋友没有一点仁义，对家奴非常的刻薄。

年迈的长者把家业付托给儿子，他却变本加厉，对父母更加不孝，目无尊长。事实上，他的内心也很不快乐，他贪得无厌地想：我今天有这么多财产是与生俱来的福，只要我再多求福，天神自会赐给我更多的财产。所以他时常对婆罗门梵志布施结缘，但这是为了求取福报，以得到更多的钱财。

　　婆罗门梵志对他说，一个月要祭祀多少次，他总是言听计从，几乎每天摆香案祭天，而祭拜的牲礼无数，并供出许多珍宝。如此经过了五年，他的家财却慢慢消耗掉，他的青春消逝，身体也慢慢衰弱了，但他的期待从没有实现过。

　　不放弃的他，仍继续求财，如此又过了三年，他已经到了倾家荡产的地步，这时他心中很疑惑：为什么我一直求福，却从未得福？后来他听人说，释迦牟尼佛能开解众生的迷惑。于是他到精舍向佛陀请示，恳求佛能赐他致富之道。

　　佛陀知道他的生活情况及心态后，就告诉他，贫富之道有四种，所得也有四种：一是施多得少；二是施少得多；三是施多得多；四是施少得少。

　　佛陀解释说："什么样的人是施多得少呢？就是平时不知付出爱心，只是一心求福。这种人平时不知敬重尊长，不曾孝顺父母，连做人的基本观念都没有，却想要求福，这样的人尽管花了很多钱祭祀，还是无所得啊！第二种施少得多，是当众生需要你时，能及时付出而不求回报；无求的心就是无量的功德。第三是施多得多，别人的事，他能身心投入、出钱出力，心无所求却能得到丰足的回报。第四种是施少得少，这种人甚是悭贪，布施一点点，却认为已布施很多，并计算着自己有多少功德，这种有所求的付出，布施出去不仅没有得到功效，相反的还会造业啊！"

听佛陀的开示，就知道平时做人最重要的是孝顺父母、敬重尊长、亲爱周围的人，甚至要福利人群，这才是真正造福的根源。假如为了"求"福而布施，甚至伤害生灵祭天，则没有福可得啊！总之，最要紧的是：不要有得失之心。

2 为善要竞争

佛陀教导我们学佛要时时用心,并且要及时发挥人生的功能,为善竞争。

有一次佛陀游化到摩揭陀国,那里的人知道世间的大觉者——释迦牟尼佛来了,大家都很欢喜踊跃。但是,佛陀的身边有很多修行者没有地方安身,居住方面出了问题。那时,国王在天将黎明时做了一个梦,梦见有个地方长了很茂盛的竹子,这片竹林的地势很美,他就神游在竹林里。忽然间,他看到四位穿着青衣的人,四个人都长得很庄严,并且在竹林里勤劳地整地。

国王好奇地问:"为何你们这么虔诚地整理林地?"其中一位回答:"我们是青衣夜叉,奉了四天王的命令,来整理这个地方,因为佛陀已游化到这里,此地要供养佛陀和僧伽众,让他们在此安居。"说完,四位青衣人又继续工作。

国王听了,内心生起无限的欢喜,于是微笑地醒了。醒来之后,心想:为何做了这个梦?而且梦里的景象似乎很熟悉,他就依着梦中的路径走,结果真的找到一片很优美的竹林。

经过打听后,知道这片竹林原来是迦兰陀长者所有,国王找到这位长者,告诉他自己所做的梦,又说:"佛陀是娑婆世界的教主,三界的导师,如果你能将这片土地献给佛陀,那会有很大的功德。"

长者是位有德者,听了国王这番话,觉得很有道理,他想:应该随喜功德,既然有这因缘,何不做个顺水人情。于是,国王就去拜见佛陀,并且讲述这段经过。佛陀觉得那里确实是个普施法语的好地方。后来,长者设宴供养佛陀及僧众,然后欢喜地献出林地,佛陀也很欣慰地接受。那里就是佛经中的竹园精舍,是佛陀讲经说法的道场。

为善要竞争,不要落于人后,做好事却落于人后,会觉得很遗憾。像这位长者,迦兰陀竹园就是他所奉献的,他懂得为善要竞争之理。

3 圈圈里的人间事

求道会理的"理"究竟可否说得清楚？用说的实在很难说得出真理，用写的也无法表达得很微细，真理只能用心去会意、去了悟。其实，日常生活的种种脱离不了真理，举手投足也离不开佛法，佛法包涵世间法，世间人每天都生活在方法中，而方法即是佛法。

有一句话说"佛法不离世间法"，若舍离世法而要去寻找真理，难免堕入迷惑的人生。以前有三位年轻的出家人，皆很有智慧，他们的领悟力很强。当时有一位慧忠国师；既被称为"国师"，可见他智慧超凡。三位年轻的出家人，经过几个月的时间，风霜跋涉，要向慧忠国师请法。

半路上，其中一位用竹条在地上画了一个大圆圈，然后告诉另外两位说："若能体会其中之理，才可以走过去！"有一位出家人就坐在圆圈之中，另一人则很虔诚地礼拜。画圈圈的人说："既然这样就不需要去了！"

其中一人问道："为什么？"他说："这个动作其实也含藏

道理,表示万法真理离不开圆融的包涵,天地宇宙之间,所有的道理就是一个'圆'字!"的确,不论是生、老、病、死,或成、住、坏、空,都没有离开宇宙真理的大圈圈,悲哀、痛恨、爱,也都是圈圈里的人间事。那一位往圆圈的中间一坐,表示他了解万法无不在圆融之中。另一位作势礼拜表示内心虔诚,不著于相,有相之中皆无著,这就已经表达了真理。难怪同行者说:"那就不用去了,因为道理你们都了解。"

当时的慧忠国师说法时就是以圆圈来做教法,而求法的人也以圆圈为法,既然彼此都有相同的法,何必再求呢?道理了解透彻后,真的也没什么可说的。

人情冷暖,世事本来就很现实,平常付出多少,到时候就会还你多少;如果完全没有付出,或者只付出一点点,这样一手出、一手进就没有了,还能要求什么?

生活周围无不是可以付出良能的机会,一切法应用得好,都是真理妙法,都可以使我们快乐、心安自在。

真理妙法靠我们的心去"心会意悟"。总之,佛法在周遭的生活中,不用到很远的地方求,佛法在心中,自在就是佛法,把良知良能运用得欢喜自在就是妙法真理。

4 现在不做，等待何时？

生命可贵，贵在于善加使用，一个人到人间来，若没有发挥生命的功能，真是白来人间走一趟。从前一些修行者的领会及观念，确实可以做我们的榜样。

日本有两位修行者到中国求学，他们走遍全中国的丛林，想求得真理，以证悟生命的奥妙。但是，他们走过很多丛林道场，却仍然觉得迷茫，找不到可以启开心门的方向，几十年的时间白白过去了，后来两人商议道："我们已经空过几十年，若是空手而回，那太不值得了，我们分头去找，也许能早点契悟！"于是两人分别寻找理想的道场，及最能领受的教法。后来，其中一人身体不适，就在一座大丛林里挂单，他病得不轻，因此传出消息，要找寻另一位修行者。

几年后，终于找到他的同参。同参见到他，问道："这丛林的大和尚，有没有传法给你？"病僧说："没有，还是白忙一场！"同参也说："我也仍未找到妙法。"

为了方便照顾，同参行脚僧也留下来挂单。他看到厨房有位老修行者，又老又驼背，但是每天仍勤劳地为大众煮饭。有一天午斋之后，大家都休息了，只有老修行者拿了一大包海苔去晒。正午时刻，老修行者慢慢地将一张张海苔铺开来晒，虽然热得满身大汗，但是他还是专心认真地做。

行脚僧看了很不忍心，就靠近问道："老和尚您几岁了？"

老修行者抬头说："今年六十八了！"

"这工作怎么不叫别人做呢？"

"别人是别人。别人做的，就不是我做的！"

"为何要在大太阳底下做呢？"

老修行者说："现在不做，那要等到什么时候？"

就这两句话，行脚僧顿有所悟。人生七十古来稀，而六十八岁的老和尚仍长期守在厨房做粗重的工作，还那么辛苦地忍受日晒，"别人做是别人的，不是我"，公修公得，婆修婆得；像吃饭一样，自己吃自己饱，简单的话，有心人听起来就是"法"。老修行者做事不假手他人，亲力亲为，他不敢浪费生命，分秒发挥身体的功能，这就是"修行"！

"现在不做，等待何时？"让行脚僧体会到"人生无常"，人命在呼吸间；的确，若不把握当下的时刻，要等到何时？

他走遍大丛林,却在一位老人平常的生活动作中得到启悟,于是决定回日本发扬佛教的真谛。

什么是真法? 能认清生命的真谛,发挥人生的功能价值,这就是体悟的人生。

5 钻石与粗石

曾有人向我诉说他心中的委屈——他的朋友如何折磨他，令他充满烦恼。

我就问他："钻石从哪里来？"

他说："从矿里来的。"

"矿也是石块吧？这颗钻石要如何从矿石变钻石？"

"要磨啊！"

"对了！两块石头，一块是磨人的石头，一块是被人磨的；请问你要做哪一种？"他想了一下，恍然大悟，很高兴地说："师父，我懂了，我应该耐心地被人磨、磨、磨，才会发光，被人磨的钻石会发光、有价值；磨人的石头会减损，是一块粗石。"

所以，我们应该常常抱着感恩心，接受磨炼并且感恩对方。智慧就像钻石，但它包覆在矿藏内，若不经过切、磋、琢、磨，怎能让本质光彩显现出来？

我们学佛必定要具足六度，而且必定要抱持长久心；真正有耐力,经得起磨炼,不断地精进、付出。"付出"是一种带动力,拜佛、打坐、念佛,这也要付出,付出体力、时间,并且调整自己的心,不起心动念,可以常常用心地付出,修行就会一天天进步。

在《阿弥陀经》中提到"不可以少善根福德因缘得生彼国",这么简单几句话,其实就够我们修三大阿僧祇劫了!总要经得起磨炼,成就了福德因缘,才能渐入佛境。

曾有人告诉我:"娑婆世界人口愈来愈多,快要爆满了,是不是赶快修行到极乐世界去?"假使大家以为西方极乐世界很容易到达,可能西方极乐世界人口会非常密集;那里的空气也可能变得污染。我想还是先做好心理环保,到了那边才可能永远清净。

6 丑公主的因缘

平时待人,要培养柔和的声色,声音柔和,让人听起来很顺耳;同时不要膨胀自己,应该自我缩小,则每个人看你都觉得很顺眼。慈济委员常用微笑当"面霜",难怪走到哪里都得到别人的赞叹。

早期慈济到大陆赈灾,工作人员曾访问当地的高级干部,他们说了许多对慈济感激的话,其中有一句话说:"慈济带了物资为灾民解决困难,但我们最大的受益不是物质,而是精神,一股爱的精神与和善的气质,这种文化形象带给我们最大的受益。"因为台湾去的慈济人,每个人都很有秩序,面带笑容,人人相处得很和谐。

轻声细语、彼此关怀,这不只能教育自己,关心周遭的人,也能影响素不相识的人。佛陀也说:"我们要结好人缘,最好的方法是去除怒气,不起瞋恚,还要以慈心待人,慈言爱语对治瞋恚。"瞋恚不只现在别人看见你会不高兴、远离你,还会遭受来生丑陋之报。

佛陀在世时,某个国家的王女有十二种丑陋之相,因此,年龄很大了还嫁不出去。女儿嫁不出去是很没面子的事,国王为此非常烦恼,王公大臣等贵族家庭,都不愿娶这位丑公主。

后来国王只好宣布:只要不是奴隶的身份,家世清白的人,即使家境贫穷,也愿意将公主下嫁。

一位外地来的年轻人,落魄流浪到该地,不过,他故乡的家世也很有名望,这位年轻人是很适合的人选,而他也愿意娶丑陋的公主。

结婚之后,夫妇相处得很好,有一天,驸马提议要带公主回乡,国王很高兴,赠与许多财物,送他们回去。这位驸马很风光地回到故乡,亲朋好友也都来庆贺,觉得他能娶到公主是光耀门楣的好姻缘,大家都要求看看公主。

但是,具有十二丑相的公主怎么见人呢?驸马总是推三阻四,虽然热诚地招待亲友,却不敢让公主出来相见。后来亲友觉得奇怪,说道:"为何公主不能出来见人呢?明天要是再不出来就要罚你。"

驸马虽然答应他们,但心想公主真的不能露面,怎么办呢?他把心事告诉公主,并说他还是爱她,但要求她不要出去。他把门锁起来，自己去赴约，宁可被罚也不带公主出门。

公主很伤心，一时想不开而上吊自杀，但是绳子突然断了。此时，公主想到了佛陀，便双手合掌，至诚恳切地向佛陀居住的方向礼拜。心静神会，她隐约感觉到佛陀对她说话："因果不爽，过去你造福人群，欢喜布施，所以今世生于王家，享受丰富的物质。但是，也因为你脾气暴躁，动不动就鞭打奴婢，因此招来丑陋之报。现在，你要从心忏悔，好好观想佛的相好庄严，观想众生的苦，并培养慈心，发挥爱的功能。"

公主听了，即用心观想佛陀慈祥的面容，以及慈心对待众生的言行。

另一方面，驸马被人灌醉了，大家从驸马身上找出钥匙，进入他家想看看公主的庐山真面目。门一开，大家从侧面看到公主非常端正庄严，于是大家心服口服，满足了好奇心。他们回去叫醒驸马，祝贺说："恭喜你呀！公主如此美貌，你真是好福气啊！"

驸马听了一头雾水，赶快回去看个究竟。

公主的容貌虽然没变，但是气质高雅，态度谦和，给人一种亲切、投缘的感觉，简直判若两人，这就是相由心生。

7 深心是道场

《维摩诘经》中说："直心是道场,无虚假故;发行是道场,能办事故。"这两句话,我们若能深深体会、了解、运用,就是最踏实的道场。直心是从初发心直到最终尽形寿,都以佛的境界为目标,直心没有虚假,所以是诚实心,是很实在很诚恳的心。

人生之路要无虚假、诚诚实实地走,以这种心态行于人生道上,就是直心。人之所以痛苦,是因为心不直,弯弯曲曲的心伤害别人,也伤害自己,会使我们永远不得超生。因一念差、一时错所做的业,往往会延续到未来的生生世世,这弯曲之心多可怕! 所以,学佛要学直心,直心才有诚实无虚假之心。

再说"发行是道场",发行是从内心最深处发的愿,再去实行。比如说,当初我出家时,师父就对我说:"为佛教、为众生",这么简单的一句话,却深深地震撼我的心,我发愿终身奉行,然后起步实行,因此有慈济的四大志业。有志愿,要身体力行，才能办一切事情，俗谓"天下无难事"，只要你勤奋、认真、精进，天底下绝无走不到的路，绝无做不到的事，因此坚守愿力非常重要。

至于"深心是道场，增益功德故"，深心就是要发广大愿，所谓"深"即是不肤浅；不只是结缘而已，是对内心深处的志愿，绝无变异地终身奉行。而"虚空有尽，我愿无穷"，这就是深心；从现在开始一直到未来，甚至尽未来都不会改变心志，这种深心最为深刻。好比将我们的心愿化为文字，牢牢刻在石头上，用水洗不掉，用刀削不去，这叫深心，也叫做"铭心"。有这分深心，道业自然可完成，所以说"深心是道场"，这分心非常重要。

佛陀说"一切唯心造"，过去、现在、未来，过去曾种何因，现在即得何果。好的因、结好缘，很感恩；过去种坏因、结恶缘，现在要欢喜受，"欢喜受，业消福至"，这就是出于深心，有了深心可成就功德。

深心也就是时时记得警惕自己，比如我要大家说闽南语的"开车"，不要说"驶车"，就是要训练大家的深心；因为它不文雅，用文雅的语句来代替不文雅的话，这也是训练我们的习惯。

从一句很简单的话,可以时时警惕自己。不造口业,不仅是不说坏话而已,还要讲较文雅的话,不说难听或粗俗的话。对自己用心,对外才能表达那分礼貌的声色,这也是深心。

8 菩提心是道场

菩提心就是智慧、觉悟,有智慧的良能,所做的事绝对不会错谬,这是一定的道理。

有人说"吃得下就是营养",现在我们要说"做得到就是功德",要以深心深愿,从最初的一念心直到最后都精进不退,这就是功德。从最初的一念心直到最后一口气,心志都没有改变,这就是深心。

深心要学"觉",所以,菩提心就是道场,我们要时时抱着菩提觉悟的心,上求佛道、下化众生,如此时时谨记、心行一致就不会有错谬。不论在社会上从事什么行业,只要有心做,则千秋百世之业,也是源于现在的这一善念。

现在社会生活水准很高,不论住几层的高楼,只要水龙头一开,自来水马上源源而来,随时可以饮用到干净的水。这自来水怎么来的?据说来自英国社工人员的一份报告。

英国有一位从事社会工作的人,他就像社工员一样,发心为贫困者谋福利,他很用心到全国探访,研究为什么病人会那么多,评估之后将资料汇集,发现疾病多由贫穷地区的传染病开始。贫民区常常满街垃圾,饮用水也成问题,贫病、脏乱相生,许多疾病经由不洁的饮用水而传播。他把研究结果写成一篇论文,向英国国会提出报告,这篇论文引起医疗机构的注意,于是到贫民区取水化验,证实水中有传染病菌。那时开始,人们才将饮水集中于干净之处,并通过管道进入每户人家,这种经过清洁消毒的水就是后来的自来水。

这是那位社会工作者把心用于卫生和社会福利上,所做的贡献,这也是深心、菩提心。无论从事哪一项行业,只要我们用心注意,都能发挥良能,对社会有所贡献,这也是直心、发行之心、菩提心,可以使我们从迷茫的人生中觉醒,自利利他。

9 人生没有永远

在人生道上，有的人觉得人生是苦，有的人却觉得人生也有乐；也有人苦而不知苦，有人乐而不知乐，这是因人的观念不同而异。

在佛陀的僧团里，有人聚集在一起谈过去，也谈未来，其中一位说："过去，还在俗家的时候，我心灵的追求是自然的美景，最期待的是春天，春天树木茂盛，草地一片绿意。我喜欢在春天的季节，走在草原上面，或坐在树下，看着一片绿油油的大地，每一次春天来临，就沐浴在大地的春意中，我觉得这是最大的享受。"

另外一位说："我的感受不一样，我期待有三五好友，可以常常相聚来谈心，薄酒清茶谈古说今，如果可以这样，我就觉得很快乐了。"人生难得有知音，如有三五位知友，这是人生一大乐事。

又另外一位呢？他说："我还没出家以前，最期待的就是累积家财，看我的财产能否比别人还多，更希望赚很多钱。这样，出门不论是马或车，都可以装饰得很亮眼，又可以穿漂亮的衣服，走到哪个地方，别人都会用羡慕的眼光来看我。"

最后一位说："我的兴趣和你们不一样，我倒是希望有一个很和乐的家庭，期待有娇妻，有美妾，还希望有可爱的子女在我身边，可以和子女、妻子共同喝酒、吃饭、听歌、看舞，这是我人生最大的追求。"

佛陀正好走到那里，听到这四位在谈论他们过去的追求，佛陀就说："你们每个人所追求的，都是无常法。春天，虽然树木花草茂盛，但是有秋冬的落叶衰败，你追求春天，但这是无常啊！另外，追求三五位知音相聚在一起，要知道人情千变，有老病死等等，哪有办法常常相聚？想要家财、车马、美服，其实，人生事相生灭不定，不能常住，有富贵之时，也有衰败的变卦，不是永恒的，何况财富是五家①共有，没有办法永远都是你的啊！虽然，轿车、美妾是家庭育乐，但是，忧患烦恼也是从这个'爱'开始，有了私我的爱，自然

---

① "五家"，为王、贼、火、水、恶子。意谓人世无常，财产再多，也不能永远拥有。因为世间财物为五家所共有，一旦碰到，财物即去，人不能独用，故无须强求。

烦恼就多,情爱多变,多少人为了爱与情,为了娇妻、美妾而造业,私情造成了多少怨与恨的业啊!"

人生没有永远顺心如意的事,有娇妻、美妾和子女承欢在身边固然欢喜;但是,能永远快乐吗?医院里,常常都听到或见到这种个案——孤老无依的老人,孩子在国外读书,有的做生意,但是病久了,妻子、孩子都不回来看他;身体脏了,还得我们的志工去帮他清洗。在社会上,更常听到夫妻反目成仇的例子,哪有长久的快乐呢?

总之,我们用心体会人生无常,而最宝贵的时间,就是当下此刻。要顾好当下这个时候的动作言语,这样就不会造业;不造业,心即自在。

IO 一百岁的出家人

　　佛在世时，曾有一位年近百岁的老人，走了几天几夜的路，不辞千里而来，一心想要瞻仰佛陀的德相，聆听佛陀的法音。

　　好不容易他来到精舍，却被佛的几位弟子阻挡在门口，因为佛陀身体欠安，弟子们想让佛陀好好休息。但是，老人已经走了许多天的路，疲累不堪，又饿又渴。他认为自己年纪这么大了，已没有多少力量和时间可以再等下去，于是苦苦哀求。

　　佛陀的弟子仍然坚持保护佛陀，因为这是他们的责任，而这位老人也不愿就这样回去，于是双方争执的声音传到了佛陀耳边。

　　佛陀问阿难："外面有什么事吗？好像有人苦苦哀求的声音。你去外面看看。"阿难出来一看，原来是位百岁老人，为遂心愿特来求见。这时佛陀起了怜恤心，说："阿难，扶我坐起来，赶快去请老人进来。"阿难帮佛陀把衣衫整理好，让他起来坐着，然后到外面将老人引进室内。

老人看到佛陀，立刻跪在地上痛哭流涕。他说："佛啊！您的慈悲我很感恩。过去我是因什么业来到人间？虽然长寿，却这么命苦。"这位老人一直生活在贫穷困苦中，年纪老迈，子女相继过世，无人奉养。如今他想拜见佛陀，又是这么不容易，忍不住伤心痛哭。

佛陀说："你是有福的人啊！佛示现人间是百千万劫难遭遇的，而且天下这么广阔，你能与佛同一国度、同一时期，实在难得。虽然你年纪较大，但还有今天这个机会来此，可见你的福也很大啊！"

"想想，百劫时间，六道轮回的众生有多少呢？人身难得，能够与佛同世，与佛同地，难道不是一个有福的人吗？"

老人原本满脸苦相，听到佛陀对他说的这些话，他抬起头来，露出笑容。他觉得自己果真是有福啊！虽然经过了近百年的岁数，受尽了风霜，却能够听到佛的声音，谁说他没有福呢？于是他向佛陀说："我想修行。"佛陀只说了一句："善来，比丘。"这位百岁老人就正式成为佛的出家弟子。

在我们的生活中，如能常常自认"有福"，则周围哪一样不是佛法？哪一样不是在洗练心地？我们若把一切都当作欢喜的佛法,把一切当作千载难逢的机会,这样的人生不是很充足吗? 我们若能"惜法"就能将佛法应用在人生的使用权上,不只是聆听佛法而已,还可以发挥佛法的功能,这也就是最有福的人。

总之,若能用心,即知我们是"法中福,福中人"。

II 三世因果，十二因缘

学佛的人要有两种信念，第一种是信"三世因果"，另一种相信"十二因缘法"的道理。

所谓三世，指过去、现在、未来。现在能受到人肯定，是因为过去努力的结果，如果希望未来也能得到肯定赞叹，则现在要非常细心、谨慎，把今天的言语行动照顾好，一切都小心行事，这才是真用心。

一般人以为学佛是要祈求佛菩萨加持、祈求事事有不可思议的感应，诸事如意。但是，过去造了什么因，自己却完全迷惑不清，过去生造怎样的因，今生即得果报；若无前因，而强求善果，不是很痛苦吗？

至于未来呢？很多人说："我现在要赶快做，未来才有好结果！"这种心藏着贪念，他希望积存未来的福报，所以愿意做，却忘了种清净的好因；这也是对佛法没有真正的了解。

佛陀希望弟子们能真正体会、接受佛法；无论未来的果报如何，我们都要专心于菩萨道，要以"专"的定力和无所求的心向前迈进，这才是真正了解佛法。

至于什么是"十二因缘法"，我们也要了解。人如何受生？如何选择一对父母？这似乎由不得自己，虽然由不得自己，却也是自己所选择的，为什么？因为有缘呀！和这对父母有缘，所以随着业力牵引而来，未出生前，即有定缘定业，所以有"先来后去主人翁"的说法，这是指业识，因为有定缘定业，所以，未出生时，自己的业识就已经来了。

业识进入母胎之后，即有"胎狱"之苦，父精母血与业识结合成新的生命体，随着时间的增加，胎儿渐有六根人形；出生时即接触外境，而生是死的起点，生与死是痛苦的，而生死间，还有一段业缘造作。由过去的业力而来，加上现在与人事的缘，有种种的喜怒哀乐，从生到死，因缘息息相关。像手语的"因缘不息"，就是一个圈再套着另一个圈，环环相套。即使中间少了一环，是不是就没有因缘了呢？还是有，会接上其他的因缘，就如六道轮回，永远没有间断。

总之，我们学佛对因果不可不信，对十二因缘也不可疏忽，若疏忽这些，在日常生活中就容易造业。人生的智识和智慧不同，智识会造成种种业，造善造恶随习性而作，欢喜时行善，不欢喜时就作恶。智慧可以帮助我们看透人生，让人事平静，对人时时结好缘，为人设想，一切都是大爱长情的作为，故菩萨不舍、不离娑婆。有智慧的人，在娑婆也能解脱自在地完成他的志愿，所以我们应该好好培养智慧。

12　人生为善最美

何谓善？简单地说，有付出之心和行动，这就是善念的发挥，佛陀在世时也是教人要体念众生，怜悯悲苦之人。

当佛陀在祇园精舍讲经时，有一位很年轻的长者子一心向道，常常去听经，但家里的老母亲却不高兴，由于她非常疼爱儿子，所以虽不高兴，也不忍心禁止儿子去闻法。

有一天，长者子向母亲提出出家的请求，他的母亲无法接受，她说："我还在世的时候，你绝对不能出家。而且这段时间内，你要认真做生意，赚很多钱才行。等我阖眼之后，要修行才由你去……"

佛陀教育弟子要孝顺"堂上活佛"——父母，因此长者子很孝顺，不得已只好答应老母亲的要求。当他日日夜夜都专心于赚钱的贸易时，他的母亲则在房子四周掘地窖，把金银都藏在里头。

很多年之后，长者子在老母亲往生后，才到僧团出家修行。

一日，来了一位衣着褴褛、蓬头垢面的女人，她的全身像被火烧过一样，非常丑陋，她向精舍里面不停地跪拜、啼哭。已经成为修行者的长者子出来关切："你从哪里来？为何这般模样？又为何啼哭？"她说："尊者，还认得我吧？二十年前我是你的母亲，因为我悭贪、嫉妒，又阻碍你去修行，世间的业又无所不作，所以死后堕入饿鬼道，受尽了种种的苦楚煎熬，若想解脱苦难，唯有仗着尊者的力量啊！"

修行者听了心里非常悲苦，没想到自己出家那么久，而母亲却在饿鬼、地狱道里受苦，他问道："我要如何才能救您？"她说："我把钱藏在房子四周的地窖，你可以把所有的金银挖出来，施给贫困、受难的众生，也可以供养有道的修行人。如此，我才能解脱。"

于是，修行者赶紧去处理，他举行一次无遮大法会，把地窖里所有的金银换成粮食、物品，于四十九日内，凡是饥饿、贫困的人来，一律有求必应，把所有的家产完全布施出去。

圆满的那天晚上，他的母亲像天人一样，穿着一套洁净的白衣来到尊者面前，向他叩头道谢，感谢尊者为她造福，让她得以免除地狱、饿鬼之苦，而且托儿子修行之福，已可往生天堂了！

　　故事中的长者子出家修行，是否因此他的母亲就能解脱呢？若无布施造福，也无法转变业力啊！平时若有人想出家，我们应该随喜，给他勉励。身外之物则要好好拿来利益人群，"取诸社会，用诸社会"。像故事中的老母亲就是因为悭贪，又断人善根，造业不断才会堕入恶道。我们要鼓励别人行善修慧，自己更要做模范，学佛就是要学这些，能够以爱心无所求地付出，这种人必然能够得到解脱。

13 多力五百与老比丘

"万般带不去,唯有业随身。"业有善业,也有恶业;行善是将一颗善种子种在八识田中(也就是业识之中);作恶也有一颗恶种子落入八识田中,凡是起心动念、举步动作,业即形成。

有一位长老比丘,病得非常严重,全身污秽不堪,又没有人去看顾他,历经长时间的病苦煎熬。佛陀听说老比丘病重,于是带领弟子来到他的住处,还没进门,远远就闻到一股恶臭味,佛的随身弟子很惶恐、畏惧,不敢接近这位病比丘。佛陀慈心殷切,毫不犹豫地走近他的身边,掀开被子一看,他全身都是脓疮、污秽物和溃烂的伤口;若不是看到他的眼睛还稍微能转动,并发出呻吟的声音,实在没有人相信他还活着。

佛陀悲悯,赶紧叫弟子取水为他擦洗,但是弟子们实在是无法忍受那股恶臭,佛陀就亲自为他擦洗,清理干净后,还为他整理周围的环境,这时候佛陀仍然不忍离去,于是留下来为老比丘说法。

当国王知道佛陀亲自照顾生病的比丘，心里非常感动，但是也很疑惑，于是来到佛陀暂时居住的处所。他虔诚恭敬地礼拜佛陀，并问道："这位比丘究竟造了什么业？为什么他既贫又病，被人遗弃，又经历这么久的折磨，但最后却有这种福分，让佛陀亲自照顾他，这分罪与福的因缘是怎么来的呢？"

佛陀说："在过去无量劫以前，有一个国家的国王，以非常暴虐的手段来统治人民。若有人不肯服从，便使用酷刑。他设计了许多残忍的刑罚，交给一位叫做'多力五百'的人去执行。"

多力五百具有很大的力量，他一人的力气等于五百人的力量。他那暴烈的心态正符合国王的心意，所以国王就把执刑的任务交给他。他既贪心又残忍，若是犯人给他重礼，他执刑时下手就轻些；如果没有送礼，即使是无罪被冤枉的，他也是重重地加以鞭打。

后来有一位贤者，平时付出爱心、慈心给人群，却也遭到诽谤陷害，被人抓到官府。这位贤者看到多力五百凶神恶煞地来到面前，就恳求说："我是一个佛的弟子，平时对人问心无愧，我是冤枉的，希望你能发发慈悲心，手下留情。"

多力五百看到这位贤者相貌庄严，内心不由得生起善念，他在执刑时，虽然将棍子高高举起，却轻轻地放下，没有伤到这位贤者的身体就放他回去了。

佛陀说："过去那位多力五百就是现在的老病比丘；而那位贤者就是我——释迦牟尼。我生生世世为人群、为社会造福，却也受尽无数的委屈。多力五百一生暴虐恶毒，他鞭打了无数人，陷害无数含冤的人，所以，死后在三恶道中备受折磨；今世来人间再受馀报，因此多病多痛。但因他起了一念善心，并有恩于我，所以能够生在此时，有福分出家，而且让我有回报的机会。这都是过去生中，有这分举手投足的因缘哪！"

I4 不可缺少一个我

有一回听到慈济人报告大陆之行，虽然他身已回到台湾，但心中仍念念不忘大陆的灾民，因此他讲得声泪俱下。在场许多人也忍不住流泪，这是悲心殷切，但是，学佛者只有"悲"还不够，我们还要有"慈"；慈是与乐，悲是拔苦。

最重要的是这些接受济助的人，他们在往后的生活中，如何长久地防止灾难，得到永久的快乐？必须提升他们的生活文化，也就是要启发他们的智慧，不是灌输给他们聪明。智慧的提升唯有靠佛法的精神，让他们知道生活如何调理，在苦难的环境中要如何出离，这都需要运用智慧。

而如何才能让佛法与人心契合？这必须和世间法配合。世间的苦难，光有悲心并无助益，也不只是教他们念佛就可以解决问题。他们肚子饿、无衣服穿、无棉被可盖，我们要先给他们温暖，让他们衣食温饱，然后慢慢建立互相关怀的长情，直到让他们觉得：慈济一来，我们就能得到身心安乐。如此，慈济人所讲的好话，他们必然能够接受。

因缘成熟时，他们会接纳慈济人的教导，教他们如何互相帮助；如何整理环境；如何建立人伦生活，做人的规矩也可以由此建立。

我们要抱着恒久心——要有恒心、久远心，要不停地关心他们。慈悲心要大家一起发，不是某个人发心即可、和"我"没关系，这个"我"的力量很大，因为少了这个"我"，许多事就无法完成，如果人人都认为"这和我没关系"，那任何事都做不了。所以，事情无法达成和这个"我"有关系，大家应该了解，苦难的众生我们要加以救助，因为这"和我有关系"，这才是大慈悲心。

15 放下心中的弓箭

　　佛陀在世时也有许多生活贫困的人，有一户属于贫中之贫的人家，生活向来贫穷，夫妻俩又非常悭贪。佛陀为了感化这户人家，于是，以一般的比丘相貌到他们家托钵化缘。

　　那天，男主人不在家，太太开门看到一位出家人，一见心火即生，开口骂道："你不要站在我家门口，即使你站到死，我也不会给你东西。你是一个身体健壮的人，竟然站在人家门口要饭，我绝对不给你！"除了这些话之外，她又骂了许多难听的话。

　　现比丘相的佛陀说道："我是一个修行人，站在门边托钵也是修行的一部分。能付出爱心，以欢喜心而行布施，将来你的福分无量啊！"

　　这位妇人哪能听受呢？她认为自己是最贫困的人，又以为自己的生命、生活的范围最重要，何须顾虑他人！于是，拿起棍子就打。修行者故意现出昏死的样子，妇人见到这种情形,吓了一跳,夺门往外跑,跑了一段距离返身看看,门边已经没有人在那里。她又气又怕,这时男主人回来了,问道:"你怎么了? 为什么脸色发青?"

妇人说明情形,她的丈夫听了非常生气,骂道:"岂有此理!"于是,拿出利刃弓箭追赶那位比丘,却见比丘已安然坐在树下,逍遥自在。这对夫妇追得气冲冲,满面通红,男的看到比丘,马上拿起弓箭发射,但是,很奇怪,好像有一层透明的玻璃罩住修行者一样,箭一射到那个范围,即弹到别处去。

男人看了心里很惊慌,喊道:"你把透明的门打开呀!如果你真勇敢就打开门呀!"修行人说:"你把弓箭放下,我就让你进来!"那男人心想:我赤手空拳也一样可以打死你,就说:"好! 我已经放下弓箭,现在你可以开门让我进去了!"

比丘却说:"我不是要你放下手中弓箭,是要你放下心中的毒刃和弓箭,这些东西会伤害你自己啊!"那男人听了非常吃惊,因为心里恶毒的念头,被看得一清二楚。至此,他知道眼前这位比丘不是普通的人,夫妇俩随即放下贪念瞋怒,皈依于佛陀座下。

心宽念纯

看看这段故事，再想想天下的众生，众生生活在地球上，有许多种族差别，有种种悬殊的地位。佛陀为了促使众生平等，使人人的心温和柔顺，所以，他不断地教化众生，唯有温和柔顺，天下才能吉祥平安。

16 分别心带来痛苦

很久以前,在日本有一位身份地位很高的老先生——他是某地方领袖的伯父。他年纪虽已老迈,却具足崇高的智慧。他觉得侄儿领导人民,必须深入民心,了解民情。于是他打扮成一名农夫,穿着草鞋,带着几位随从到各地去,一来游山玩水,二来探听民情,看看社会是否安康,人民是否富足。

有一天,来到一间旅社。那时正是严寒的冬天,不断地下着雪,他脚穿着草鞋走在雪地上,好不容易找到这家旅社,于是一群人走进去休息。日本的房子,走进玄关后,就是榻榻米,当然要先把脚洗干净才能上去。

这时旅社佣人应该端水来给客人洗脚,但佣人看到这一群人状如贩夫走卒,起了凡夫分别心。如果是做生意的大商人或者身份高的人到来,他会毕恭毕敬地把水送到他们的脚边,但是看到这群人不像有钱人,就爱理不理地说:"水呀?那儿有几盆水,是刚刚别人才洗过的,还是热的,拿去用吧!"当时,几位随从都非常气愤,握紧拳头,想冲过去打他,老先生比个手势制止他们,这些人才松开拳头。

他很自在地对随从说:"我们出来就是为了要游山玩水,是要找寻快乐的。"接着又说:"没有错呀! 这水还是温温的,可以用呀!"于是就把草鞋脱下来,两脚伸进人家洗过的温水中,也把脚洗得很干净,浸得很温暖。

这就是智慧,智慧是没有分别心的。他并不是忍耐,忍还是会痛苦,而他很自在。水虽然别人用过,但还热热的,他没有生气,自然就不必忍耐,不忍耐、不生气,同样可以享受泡热水的乐趣。

偏偏一般人都很爱计较,日常生活的常识都懂,人与人之间脸色好坏也会分别,这就是所谓的"分别心",带来人生的痛苦。我们应该要时时欢乐,忘记过去虽然很困难,但每天抱着希望迎向未来,不也是快乐的事?

17 决心改过就是佛心

　　真、善、美是一股祥和的力量,在社会上每一个家庭、每一个人听到这三个字,就会感受到祥和的气氛。

　　像慈济的团体就给人这种感受,慈济人所表现的是真善、美,人人脸上带着发自内心的微笑,让人一见就生起欢喜,这是因为大家出于真诚,诚之至则是"真";人人各自站在自己的岗位,而且行动整齐,这分和谐即是"美";而大家力量合一即是"善"。虽然每一个人站的岗位不同,但是,每一位慈济人都发挥最贴切的功能,这股力量确实至真至善而美。

　　现在有许多人在呼吁改善生活品质,提倡戒烟,但是,一般人要戒烟很难;然而,有心加入慈诚队的人却能"说戒就戒"。例如有一位慈诚队员,他以前清早起床点一根烟,直到晚上都不需再用打火机。我原以为他一天只抽一根烟。他说:"不是这样!是点上一根烟后就没有停止,连吃饭时烟都点着,一边吃饭、一边抽烟,除了睡觉之外,其他时间都是一根接着一根地抽。"

但是,他决心加入慈诚队即马上戒烟,这分志气多么坚定!所谓"发心如初,成佛有馀",又有一句话"立地成佛",只要得闻善法立即改过,那成佛也就不难了!知道自己有过错,而且决心改过,这种心念就是佛心。

有人说"不抽烟无法做事",有的人抽烟为了消磨时间,有人写文章不抽烟就说:"没有文思灵感!"其实,这都是假的,我不抽烟也一样写,还有很多大法师著作等身,他们的智慧泉涌,可是,他们也不抽烟、不喝酒。可见那都是借口。又有人说:"抽烟喝酒是为了应酬。"这更是借口,人际关系的融洽并不在于烟酒。

人生的幸福来自于"真、善、美",社会的祥和也需要真、善、美,但是,一切都要从自己做起,习气不是不能改,是自己愿不愿意彻底改。所以,想要达到真善美的境界就得多用心。

18 发心如初

一百多年前,欧洲有个养老院里的年轻医师非常有爱心,他看到院里许多孤苦的老人,年老病痛吃不下饭,渐渐只剩皮包骨,虽然他是医师,却束手无策、无可奈何,看在眼里,真是痛在心里。

有时老人痛苦得在地上打颤哀嚎,他也无法做什么,要让他们吃药又吞不下,这些情形,真是让他痛苦万分。

他下定决心,在他有生之年一定要想出解决办法,为老人解除痛苦。于是他夜以继日地研究,想找出不必通过饮食,就能让身体得到养分,并能止痛的方法。他立愿之后,经过多年的努力发明,终于研究出针和针筒,用针筒将养分注射到血管和皮下组织,然后融入血液,形成养分。这样,就不须再由肠胃吸收,而且能使病人渐渐恢复健康。

他以慈悲心和精进心,经过数十年的研究,终于有了成就,虽然那时他已离开养老院,自己开业,但他分分秒秒、时时刻刻都在为病人设想,脑海里盘旋的都是"如何解除病人的痛苦？如何利益众生？"这就是悲心，众生之苦，就像他自己的苦，所以他不考虑自己的疲劳和煎熬，数十年苦心钻研，这分耐力、毅力即是出自于"悲无量心"。

像我们的慈诚队，他们也做济贫教富的工作，而且他们身体力行戒烟、戒槟榔、戒赌，还要改掉不好的脾气，因为要先改变自己才能影响他人，而改掉不良的习气也是要堪忍、勇猛精进！

如果稍稍付出就觉得做很多了、很累了，再做下去太苦了，这是凡夫心。凡夫容易计较，心里常想：我已经做得超过时间，人的体力有限……这个念头一起，工作就不想再做了。

学佛应该在众生未脱苦之前，我们不能叫苦。像地藏菩萨的大愿——地狱不空，誓不成佛，众生度尽，方证菩提。我们既已发心，应真正身体力行。

19 心如白布

一块洁白、清净的白布,如果不小心染污了,要赶紧把染污的地方洗干净,那么,仍是一块干净的白布,人心正如这块白布。

有一次,佛陀带着弟子到王舍城里托钵,经过一条很热闹的街道,有打铁店、制桶店、裁缝店、染布店……佛陀站在染布店前,很用心地看染布师傅用什么原料染布,以及每一块布染出来的成果。

之后,佛陀与弟子们回到精舍,大家吃饱了,坐下来静心思维。佛陀说:"今天我们到城里去托钵时,大家有什么感受?"一位弟子说:"城里好热闹,有各式各样的商店,到处都是采购的人潮。"

佛陀再问:"人们买卖之间的目的是什么呢?"

有人回答:"为了生活!"

佛陀说:"对! 为了生活。人们为了维持生命,有衣、食、住等种种需要,所以必须辛勤工作,赚钱买生活用品。其实,人除了'生命'之外，还有'慧命'更需用心照顾，但是大多数人只谨慎地照顾自己的身体，却任由心灵接受种种污染。"

有人问："什么东西会污染我们的心灵呢？"

佛陀接着说："早上站在染布店前，我看到染色前的布料都很洁白，干净的白布不论染成红色、蓝色、紫色或其他各种颜色，都非常鲜艳好看。如果白布脏污了，就无法染出纯净美丽的色彩，所以染布师傅虽然全身沾染了各种颜色，但是却非常小心地保持白布料的干净。"

修行，也一样，人人都在五浊恶世里，面对芸芸众生，在人我是非复杂的社会，我们的心要保持得很清净。万一，我们的心像白布被弄脏了，任凭技术好的染布师傅，也染不出一块好布。我们照顾心灵，也要像染布师傅照顾白布那样地谨慎，不让贪、瞋、痴、慢、疑污染心地，人生才能美好。

这个道理说起来很简单，做起来可不容易，不要看到不顺眼的事就发脾气，不要看到不喜欢的人就起分别心而排斥，不要因为环境辛苦、压力大就逃避。如果能不怕辛苦，心不受环境影响，这就是修行。尤其身处复杂的社会中，面对种种纷扰的观念与现象，必须非常小心地慎思明辨，保持心境理智清明，才不会随波逐流而迷失了人生方向。

20 吃苦了苦,化苦为平常

　　佛陀教弟子修行重在调心,要有"耐心"才有耐力,有耐力才能吃苦,能吃苦才能完成人生的目标。而修行的过程尤其需要耐力,所以,平时要调好自己的心。

　　在一座犹太寺院中有一位新发意的修士,他们的规矩是五年之内要不断地磨炼,一句话都不能说。好不容易五年过去了,里面的主持知道这位修士已住满五年,于是请人叫他来,说:"你在这里已经五年,听说你的本分事都做得很好,因为你能守本分地工作,所以,让你说两句话。"这位修士说:"饭很难吃、很难吃!"他用这两句话回答。主持说:"嗯! 还不错,你可以住下去,五年之后,再和我见面。"他必须依照规矩再住下去。终于,第二个五年又到了。主持又说:"这五年来,你的表现不错,再让你说两句话。"修士说:"床很硬,睡得身体会痛!"主持说:"嗯! 你很坦白,还不错,再继续五年吧!"

　　在第三个五年之中,他一样一句话也不能说,漫长的时间又过了,主持又找他来:"你还有什么心得?让你说两句话!"修士回答:"工作很辛苦,受不了!"主持说:"嗯!很坦白,再来五年。"第四个五年,他好不容易熬过来了。主持问道:"你又有什么感受?"他说:"很辛苦,我要走了!"主持还是回答:"你很坦白,很不错!"故事就这样结束了。

修行之初,人人都抱着很大的愿力和希望,投入修行的境界。而寺院的磨炼就是要让人静下心来,不用讲话,而用心去体会。一个修行者坦白地表示"饭很难吃"、"床很硬",的确修行的生活就是如此,"工作很辛苦"也是实话,修行的境界哪能轻松呢?而"受不了,要离开"这就是一个很平常的人。

如果他能熬过来,并且化苦为平常,化离去为永恒,不就能成就了吗?修行就是需要调心,要有耐心耐力,而且要能无所求地奉献,才能有所成就,福慧才会圆满。

21　佛魔一念心

　　佛与魔是截然不同的境界,两者的形象大不相同,给人的感受也有天壤之别。

　　有一位画家,想创作一幅庄严的圣者之像,作为他一生中最满意的作品。他花了一段很长的时间思考历史上伟大的人物,最后他认为佛陀的人格最崇高,佛陀的相最庄严、完美,所以决定要画出心中敬仰的佛陀形象。经过长久的寻找,画家终于找到一位相貌庄严无比的年轻人,担任他的模特儿。由于画家出的价钱很高,年轻人十分乐意配合。

　　画家全心专注于绘画,天天抱着虔诚、恭敬的心态作画;年轻人知道是画佛陀,也持以敬重的心态充分合作。画作完成之后,人见人欢喜,人人起恭敬心,赞叹画的人,也赞叹画中之人。画家非常喜爱这幅画作,有人出很高的价钱,他也不卖。

　　画家将画裱褙完好,天天观赏这幅画作。一段时日后,他认为如果美有丑来对照会更强烈,因此想再画相貌最丑的魔。有人建议他去监狱中寻找模特儿,他得到典狱长的同意,天天到监狱中,终于找到一位令人非常害怕、厌恶的犯人。

当画家快完成时,犯人突然放声大哭,哭得非常凄惨。原来这位犯人正是以前那位庄严的年轻人。画家问他今日何以沦为刑囚？ 犯人说,因为之前得到画家一笔很大的报偿金,他一时志得意满,迷失自己,不仅把钱全拿去吃喝玩乐,最后为了纵情享受,还犯下抢劫、偷盗诸般不法行径,被判以无期监禁。

这个年轻人前后的际遇,令画家感慨万千:"佛经里说,相随心生。人的心一片清净无瑕时,形相是如此庄严;当被境界所引诱,心的恶念生起时,一步错就步步错,因此作案犯罪,落到今日的下场。以前像一尊佛,现在则是十足的魔,原来魔与佛,就在一念心！"

22　希望要踏实

　　有一位华侨从台湾远渡重洋到美国闯天下,他想在美国赚大钱,所以带着太太和孩子到美国去。

　　美国虽然有些地方看起来像天堂,其实,藏于暗处的陷阱更厉害。他们三人到了美国,人地生疏,举目无亲,他们住的房子要租金,吃的东西又贵,用的物品也很缺乏,所以,他必须努力工作才能维持生活。

　　不幸,他又发生车祸,从那时开始,他经常腰酸背痛,起初以为是扭伤,而且美国的医药费很贵,所以,他就一直忍耐着没去就医。最初的症状是站久了会酸痛,再来是走久了会酸痛,渐渐地坐着也会不舒服,一直到或站或坐都痛得无法忍耐的地步,他不得不去看医师,医师也认为他是车祸的后遗症,以扭伤的治疗方法为他医治。

　　他吃了药,症状仍然没有改善,过了两三年,他已经痛得无法忍受,天天要靠吗啡及安眠药度日。后来,有位美国的医师看他处境可怜,建议他做断层扫描,检查结果,发现他的脊椎长了一个碗大的瘤,医师建议他开刀治疗,结果费了十二个小时才除去这个瘤,可见它有多大。

手术过后,病情仍旧没有改善,这位华侨从此半身不遂,长年卧病在床。因为无法翻身,又乏人照料,内脏肠子粘黏,为此又开了一刀,手术后,却变成大小便失禁。不久,脊椎又长出一个瘤,大得像妇女怀孕的肚腹,身体却瘦得皮包骨。

身在遥远的异地,一家三口相依为命,太太要照顾他,又要赚钱维生,还要照顾孩子,天天紧张忙碌,结果也患了胃出血,又吐又泻。这样的人生多可怜啊!

经过多年的煎熬,才被慈济委员发现,美国生活费用昂贵,三口之家要生活又要付房租,还有医药的费用,怎么够呢?因此,慈济美国分会提出求助的呼吁,希望有更多人能帮助他。

当他们住在台湾时,只因为对美国有太多的寄望,想到那儿淘金,实际上却不是这么一回事。在台湾只要肯努力、身体健康,一定能找到工作;只要安分守己,一定能过安定的生活,而且在台湾还有许多善心人士愿意伸出温暖的双手帮助别人,在美国则是举目无亲、抬头望天一片苍茫;低头看地广大遥远,渺无容身之地。这又是何苦来哉?

23 自然境界即妙法

学佛者常常想追求佛法,其实若于生活中认真地探讨,则宇宙间无不是佛法,合乎自然就是最上乘的佛法。

记得曾问过一个病人:"你身体情况如何?"他回答:"没什么感觉!"听到他的回答,我觉得很欢喜,因为"没什么感觉",表示他身体已渐渐恢复健康。

好比身体若有不适,不要刻意将注意力集中在那里,也就没什么感觉了。像是气候改变,常觉得腰酸背痛,使用护腰束带后,比较好些,可是束着又觉得不自由,但精神若转到别处,比如和人说话,或做其他的工作,也就自然忘掉了腰带的事,觉得很舒服。若能再忘掉舒服的感觉,才是真舒服啊!所以,只要心不要专注于色身,就不会有特别的感觉;若专注于痛处,那就不自然,会有很多的感觉,痛感会增强。

很久以前,我曾到一位慈济委员家,委员的女儿在弹琴,看她戴着假指甲,弹起琴来却很灵活。我问她:"你手上戴假指甲,不觉得难受吗?"她想了一下说:"记得刚戴时,觉得很不舒服、不自在,不知如何弹琴,现在就不会了,也弹得很灵活,得心应手。"

的确,训练成自然后,就不会觉得不自然了,这也是佛法。

在某种环境中训练成长,就不觉得有什么特别,好比我们在空气中生活也是自然,自然的境界即妙法,有时刻意去追求佛法反而很难领会。所以,欢喜接受外在的境界就是沐浴在法之中。

24 佛陀与牛群

　　生活在奢华、享受之中,心容易被蒙蔽,因为追求愈多,愈不容易看清真相,烦恼也就愈多。佛陀的生活清净淡泊,这种生活方式能使人体悟道理,因此,凡事看得开、想得通。

　　有一次,佛陀带着比丘们去应供,然后为施主说法。圆满之后即启程回精舍。那时正是中午时分,天煎地迫非常炎热。在路上,他们遇到一群牛,由牧牛人赶着要回去。每一头牛都吃得很饱,有些三五成群,也有的慢慢走。其中有两头牛却突然斗起来了,渐渐地演变成群牛相斗。

　　原本牛群慢慢地走,看来很安详,但因其中两头不安定,使得牛群乱成一团!佛陀看了,面带忧伤的神色,摇摇头又叹气。回到精舍,洗足整衣坐下来,大家都很安静。此时阿难尊者就请示:"佛陀,您在路上为何叹气?"阿难非常关心佛陀,他不只是侍者,也时时观察佛陀的言行,佛陀轻轻的微笑或叹息,他都观察入微,因为佛陀的每一个动作都有其因缘,所以,阿难有此一问。

佛陀说:"你们有没有看到路上那群牛呀?"阿难回答:"有。"佛陀又说:"那群牛一大早由牧牛人赶到草地去吃草、喝水,在原野上多么悠哉呀!吃饱后回家的路上,有两头不安分,结果群牛就乱了;人就像那群牛一样,大家平时生活淡泊、安然无事,可是等身体养肥有力气了,就不知安分。"

佛陀又说:"阿难,那几千头牛每天出去,回程时都会减量,你发现了吗? 牧牛人为何养牛? 养肥了好卖出去宰杀呀! 而牛群却愚痴无知,每天还在那儿计较相斗。人的性命也是一样,无常随时会到,但是,无知的人不知恐惧,还不断地造业计较,饱食无事就只为了人我是非在那儿斗气,这和牛有什么差别呢?"

自在的生活在于自己,烦扰的生活也在于自己,这一切都操纵于自心。不如轻松淡泊地过日子,过个真正有意义的人生。

25 自己开拓菩萨道

　　佛陀说"人生无常，国土危脆"，即使多壮观宏伟的山河大地，遇到天灾降临时，瞬间即毁坏变形。到底世间何处才是真正安稳的地方呢？佛陀教我们，唯有修行才能得解脱。

　　要知道世间是苦，没有真正快乐的地方，人的生理有生、老、病、死，心理有生、住、异、灭，宇宙山河有成、住、坏、空，无法作为永远的依靠。

　　佛陀要我们看清真象，才能明白世间有种种的苦是"很正常"的现象，每个人都逃不过。既然人生多苦难，而且连山河大地都是生灭多变，许多人却为了名、利、产业……为所有的一切操心计较，又有什么用呢？因此，佛陀告诉我们要看清无常，要知道生、住、异、灭的道理，并追求一个永恒的目标。何谓永恒的目标？就是要"重视慧命"。

　　生命，包括物质上的躯体及精神上的慧命，人无法保证身体永远属于自己；虽然年轻时很活泼、很可爱，却无法永远留住最可爱的时刻，而老化时又挡不了生命的流程，那么,太爱惜自己的躯壳又有什么意义呢?所以佛陀教我们爱惜慧命,慧命没有年轻也没有年老时;不会变形,也没有美丑,能配于天地,常住在宇宙间。慧命是最恒久可靠的,所以我们要好好探讨这股清净不灭的慧命。

佛陀又教导我们,不要留恋大地上的一切物质。因为物质都会生灭,高山大地都有变化破灭的时候,山会成海,海会成陆地,所以,怎可执著留恋?唯一可依止的只有康庄大道和寂光净土。寂光净土是佛的境界,而康庄大道是菩萨必经的历程。我们应该要好好体会,这条菩萨道是千古不灭的,无论山河如何变迁破灭,菩萨的道路是永远不变的。希望大家都能好好守住这分道心,应将生命的功能用于人群中,用我们的道心来开拓菩萨道路。

有人说:"要开拓菩萨道路,好啊!你们去开拓,我跟着走就是了。"其实,每一条菩萨道路都要靠自己去开拓。它不像世间的道路,只要民众缴税,政府开路,就有马路或高速公路可走。菩萨道的每一分、每一寸都要我们自己去开创。

而且菩萨道路必须生生世世勤于灌溉,只要我们肯拿起锄头耕耘,捡除碎石头,将菩萨种子播种下去,那么这条路就会逐渐宽广。最怕的是,你不肯去拿那把锄头,不肯俯身去捡那些石头,不肯一步步地往前。我们应该知道,"布施劳力"比"布施金钱"更重要。有人说:"我有钱!若想要有一条菩萨道路可走,我拿钱给你们去开路就好了!"这只是种下"人天福"而已,菩萨道路没有人能替你走,也没有人能替你开。

这条菩萨道路,是用我们的慧命所开创,所以我们要好好爱惜慧命,认真开拓菩萨道路,这必须要用"心"身体力行,不是只花"钱"做事。若能如此,生命即能永恒。

26　老和尚与小沙弥

老和尚与一位小沙弥同行。

小沙弥背着包袱走在老和尚身后，他边走边想：修行之路很艰苦，我一定要认真苦修，以弘扬佛法，为众生拔苦予乐。刚生起念头，老和尚突然回头，教小沙弥走在他前头，并且换他来背包袱。小沙弥不知老和尚为何态度变得如此客气，不过还是很欢喜地走在老和尚前面。

走着走着，小沙弥心里想：将来长大成人后，如能在佛教中获得名位，受到众人的拥护，就能时时受人供养。念头一起，老和尚又叫小沙弥背着包袱，走在后面。

小沙弥不明白老和尚反复无常的指示，老和尚就说："先前你发大愿，要带给众生轻安快乐，这是菩萨的心怀，而我只是独善其身，所以由我背包袱，你走前面。但你走在前头时，却生起傲慢心，想居高位受人供养，这种境界，凭什么走在我前面呢？"

这故事告诉我们，大乘菩萨道才是修行学佛的康庄大道,即便是"新发意菩萨",也要以"法身菩萨"为目标。法身菩萨就如文殊、普贤或观世音菩萨,时时心系众生,随众生需要而现形救度,他们的志节坚定无比,绝不退失!至于处在新发意菩萨阶段的我们,一定要深思佛陀的智慧,勇于超越凡夫喜怒哀乐无常不定的情绪,才能渐渐解脱烦恼,潇洒地出入红尘救度众生。

其实人生是苦或乐,但看人的观念与感受。幸福不在拥有的多,而在无形的心。心若知足,就能时时感到生活很满足、很幸福。

如何生活得没烦恼?人生因愚痴而造成很多悲苦;也因为看不开,烦恼更是层层纠结。总之,凡夫是身有生老病死,心有喜怒哀乐。学佛就是学习对人对事看得开,并且安守本分,照顾好自己的心,如此就能解脱烦恼束缚,做一个游戏人间的菩萨。

27 造福的因缘

　　人在有生之年，一切的生活、动作、事业……等，所有的造作，都会变成一种结果，这个结果有时很快就展现出来；有时会延后到来生，这就是隔世之果。隔世之果和隔世之因往往使人无法理解，因为不能够理解，而觉得佛法很深奥。

　　比如有人说："我平时为人也不错，为什么一切不幸的事情，都发生在我身上？而那个人平时待人刻薄，所做的都是危害社会人心的事，为什么他还如此风光？"这就是隔世之因，隔世之果。今生为恶的人，不一定马上受到恶报，是因为他过去所做的福业带到今生，馀福还未享尽，而他种下的这个恶因，果报尚未成熟。

　　有的人是本来就带了一些恶业来，虽然已觉悟要走正途；不过，由于馀业未尽，才刚开始开拓正道，路尚未畅通，所以不免坎坷难行。

　　佛陀教育弟子："心好像一畦田，自己撒什么种子，就得

什么样的果。"有什么样的心态，就有什么样的行动；起心造业，将来一定会受果报，一点点都跑不掉。所以，我们一定要有耐心，应该受的就要欢喜接受；应该做的事，即使做起来困难重重，也必须去做。

动一念善就是福，若是有一念怨、恨、贪、瞋、痴，这粒粒种子，都是将来的障碍业报。所以，任何坏念头都不能存在心上，因为每一粒恶的种子，都会令人起烦恼心。

与人相处应多结一些好缘，多起一些欢喜心、感恩心、满足的心，这些都是将来造福得果的因缘。

28 任劳任怨,欢喜付出

我们发心学佛,若抱着无所求的心去付出,会经常有"意外收获"的欢喜。日常生活中,守住岗位、做好本分事,看到一件应该做的事,即任劳任怨地负责到底,有朝一日,成果自然不求而得。

曾有一个小国家的国王对花草很有兴趣,而且每天都要换新,国王下令每个人早上都要去摘花,然后拿到宫中布置。国王喜欢花草,百姓因而疲于奔命,但是为了生活,又怕违背国王的命令,只好忍耐。

有一天,时间还很早,摘花的人在途中遇到佛陀和比丘众,他们庄严的仪容、浩浩荡荡的队伍,让摘花的人起了无限的欢喜心,于是想用花朵供佛。有人说:"那会来不及把花送回宫中! 来不及送回,会受到刑罚。"虽然他们心里有所畏惧,但抵不住见佛献花的渴望,最后,大家宁愿冒险,也不愿失去供佛的机会。

摘花的人心意已定,于是大家抱着鲜花走向佛陀,然后非常虔诚地膜拜顶礼，把花献给佛陀。佛陀接受献花后，很欢喜亲切地对他们开示，告诉他们智慧平等的道理，让摘花的人除去自卑的心态；佛陀抚平他们惶恐的心，大家接受佛法后，法喜充满，无法以言语来表达内心的自在和欢喜。

摘花的人原也不敢有什么奢求，只是抱着欢喜心献花供佛，却得到佛陀法语滋润的自在心灵，这是"不求自得"。他们虽然物质贫穷，却觉得心灵很丰富，佛陀的法语，使他们内心得到轻安快乐。

道理就是这么简单，抱着"欢喜心"去付出，不求自得的才是自在的人生，而自在就是心灵的解脱。

29 用烟条换钢条

　　曾经有一位太太来花莲,她拉着我的手声声感谢。她说:"师父!您救了我们一家人;您救了我先生,让我们全家都很欢喜!"她又说:"我先生从来没见过您,不过,他在广播电台的慈济世界节目听过您讲经,每次都听得很欢喜而且很受用。"

　　她继续说:"师父曾呼吁大家戒烟——如果戒烟不成,就是世间的失败者。我先生听了这句话就说:'好!我一定要戒。'他原本每天要抽二三包烟,从那天开始,他真的戒掉了。他计算每天抽烟的钱,一年大约要花掉两万元,这次我要来花莲,他拿出两万元交代我说:'我已经将近一年没有抽烟,省下一万多元,我再补足两万元,你帮我把钱交给师父盖医院。'师父!您救了我先生,实在很感谢您!"

　　以前我曾说"将金块换做砖块",现在又多了一项,"用烟条换钢条";一条条的香烟也可以换成一条条的钢筋,从事救人的建设。戒掉抽烟的习惯,一来做到环保,二来可让家人呼吸到清新的空气,又可让自己身体健康,一举数得,何乐而不为呢?

如果人人都能自爱爱人,这分心态岂不是顿悟。一切万法由心生,心生则诸法生,心灭则诸法灭。作恶是心的一念之差,为善也因一念正确。祈愿人人都能自爱爱人,不论是爱抽烟、喝酒、吃槟榔或赌博,都是一念心起,要改并不难。像那位先生说改就改,哪有困难呢?

一切唯心,心外无法,只要多用心,有毅力、勇气,一切法从内心求,必能得益。

30 盲人修钟

　　我们学佛要学习如何将心境与环境隔离,在动中取静,动而不动。也许有人会说:"师父说过,世界宇宙之间,绝对没有静止之时,这时又说要动中取静,到底动与静要如何分开?"这就要有禅心,禅就是道场,心能柔软之故。心专一志便是定,有句话说"心无二用",心定自然能隔离外面的噪音。

　　比如火车经过,我就必须暂停讲话,要"动中取静"确实不易,而心若有禅的定力,自然会柔和。外面的声音很吵,我又在讲话,你们觉得烦吗? 烦,表示心的定力还不够;若不烦,我们就等火车通过了再讲,顺于自然就是柔。能够进是精进,能够退是心宽。

　　早期有慈济委员去澎湖复查贫户,回来后告诉我:"澎湖真苦,因为那里是离岛,台湾的女孩很少嫁到那里,当地有许多人都是近亲结婚,因血缘太近,很多小孩一出生就是畸形。年轻人又纷纷往外发展,在台湾读书,成家立业不再回去,因此澎湖孤苦的老人很多。那里很多人以捕鱼为生,渔船一出去,有的遇上海难,就不再回来,因此,寡妇也很多。由于交通不便,有些人生病延误就医时间,因而小病变成大病,所以,医疗问题也大。"他们拍了一些照片回来,看了真是于心不忍。

不过,那里也有人很乐观。有位老先生是我们的照顾户,他的眼睛已经瞎了几十年,但是,他很乐观、勇敢,他会修理钟表。明眼人表坏了,还得送去请人修理,而钟表店的人,也要戴上放大镜之类的工具,才能动手修,而澎湖那位孤老无依的盲人,却能为人修理钟表。

这就是他心已入禅定。眼前虽然一片黑,但他的心眼多么光明,他看不见东西而少欲无争,心境常静则定,心定心眼自然开启,因此能做明眼人无法做到的事。所以,心定即禅。

3I 生灭法即是空

四大增减，苦空无常，人生、世界无不是四大假合，故增减无常。不只是凡夫，即使是修行证果的圣者，也无法脱离四大增减的病痛。

有一段时间，佛陀在耆阇崛山带领弟子宣讲佛法。佛陀的身边有许多已证果的罗汉。有一次，天帝也去听佛说法，听完后，这位帝释天主欢喜作礼而去。

此时，山边有间茅草屋，里面住着一位老修行者，他已病得很重。这位老修行者就是解空第一的须菩提尊者，帝释天主看他病得即将昏迷，立刻请天神用琉璃琴弹奏天乐，尊者听到天乐后，慢慢清醒了。帝释天主看他已清醒，就向尊者恭敬作礼。

须菩提见到天帝也提起精神，赞叹天帝和弹奏妙乐的天神。帝释天主问解空第一的须菩提："尊者，您已经修到一切为空，一切善都集中在您身上，为何还有病痛之苦？"须菩提回答："身体是四大假合，有四大就难免有病苦。"

天帝又问:"病因何而生?从身而起或从意而起?或是过去生带来的?"须菩提说:"法法自生,法法自灭,法法相动,法法自息。"意思是说,天地万法之间,自然生灭,自然互动,万法之间自然息灭。

须菩提举例说:"像大地上的植物也是自生自灭,种子在土里会发芽,若经久不雨也会自灭;倘若来了一阵及时雨,则又生生不息,天地之间万法常自生灭,这就是真理。而人的神识自入母体后,就接触一切,有接触就有感受,有感受就有喜怒哀乐的心态,然后又不断地造业,有业则病苦难免,人的病因病苦也是一样自作自受,自生自灭。"帝释天主听后心会意解。

大地之间所有的生物、物质都有生灭,高山会崩陷、大地会断裂,何况是如此危脆的人身。人生原是如此无常增减的过程,生、住、异、灭自然转化,万物之灵的人应善于掌握因缘,创造因缘。

32　结善缘消恶缘

人生确实多苦,每天志工从医院所见所闻的病例个案就是明证,我们应该深深地体会及自我警惕,并多把握时间勤修福慧。

有的人年纪轻轻却得了不治之症,家属及医护人员明知病人已经医药罔效,还是尽量要减轻他的痛苦,为他打针;而打针又何尝不是痛苦的事。

还有一位老先生,是由陌生人送进来的,他说不清楚自己的姓名来历,所以名牌上一直写着"无名氏"。医疗志工很有耐心听他说话,还为他清理大小便,帮他洗澡、换衣服、换床单。

病房里其他患者的眷属看了,偷偷把志工叫到旁边说:"你们的爱心都被人利用了。这位老伯见到你们来了,就故意在床上大小便,什么事都说不知道,故意装得样样都不会,但晚上他都自己去上厕所。"

志工听了,再进病房时才对他说了一些较重的话。跟他说："你若能够自己起身，就要自己处理。你将周围环境弄得这么脏，又不好好和医师、护理师配合，这样可能没办法让你继续住下去。"

这时老先生才清晰地说出："好啦！好啦！"原来大家让他骗了十多天。

当然这位老人也很可怜、很无奈，可能他没有人作伴，心理有病，在孤老病苦的环境中，唯一想得出来的就是倚赖别人，所以故意装成神智不清。可怜，原本已经恶业缠身，在恶业中又再愚痴地造业，实在缺少智慧。

面对这样的个案，除了治疗他的身体，还要辅导他的心理，改善精神状况，才能对他有所帮助。

在日常生活中的行为会累积善恶业报，时时检点自己，付出爱心，方能与人结好缘。

33 失而复得的钱

有两个从小一起长大的好朋友,一个嫁到富裕的家庭,但是婚姻不是很理想;另一个先生的家境小康,夫妻俩必须努力工作维持生活。虽然她们的环境不同,但是,两人婚后仍然维持很好的友谊。

这位家境普通的女子认识慈济的委员,了解慈济后,她很欢喜,赶紧告诉她的好友。好友很喜欢布施,于是就把私房钱拿出来,虽然为数不少,不过她全部委托好友转送到基金会来。

看到这笔数百万的善款,我说:"布施的人没有亲自来,这样做不太好吧?"我交代会计小姐暂时保留,等捐赠者本人亲自来了才入账,否则还是请送来的人带回去比较好。送钱来的人同意我的看法,回去后就转告她的好友。

这期间,捐赠者的先生知道了,非常不谅解,就把这笔钱要回去。过了不久,这位先生遭到恐吓,被勒索了五百五十万元,与他要回去这笔钱差不多。

　　除了这笔钱之外，他的太太曾捐了二十多万元，参加建设基金。他的先生也要把这笔已入账的钱要回去。慈济委员知道了，想自己设法筹款还给那位太太。而家境普通的这位朋友说："我不能让这件事拖累了您，我一定会设法补上这笔钱。"

　　这位朋友过去曾被倒债，她早已不寄望对方会还钱，不可思议的是，此时倒债的人竟然拿钱来还她。失而复得的钱，比二十多万多几倍，这因缘真是不可思议。

　　可见，舍不得即无所得，将太太捐出来的钱又要回去，结果却遭到恐吓，钱失去了又惹来烦恼。而她的朋友不忍心让已入账的钱由委员来垫付，却意外地失而复得。所谓"无求必自得"，因这分善心使她失而复得，而她内心的欢喜才是最大的回报，任谁也无法掠夺。

34 自性光明

　　身在有佛教的国土，如果人人发心行善，全力以赴，那么就会成为菩萨的道场，是真正的功德无量；反之，成为凡夫的是非场，那就是罪过了！

　　对于宗教的信仰，大家应该要有智识，不要以为佛教只是拜经念佛，或求出家师父加持保平安，这就误会了佛教的真义。事实上，我们行善助人，就是自己走过来的经，与人分享这分爱的感受时，即是"讲经"；大家听闻你的心得，一起讨论如何更深入、有效地解决困难，这就是"论道"。

　　慈济乃入世志业，是"行经"而非"念经"；经的道理要行在脚底，而不只是挂在口中念诵；应在生活中力行经教，才是佛陀本怀。慈济人就是走在菩萨道上的行者，所说的心得，也就是菩萨道上的风光。出家人固然是以弘法利益众生为家务，但并非出家人说的法才是真法，人人要肯定自己的自性三宝，不要妄自菲薄。

　　在家菩萨智慧长，不必执著出家才有功德。现出家相的意思是不结俗家缘,愿以服务众生为要务,并非出家后,突然间就功德增长,能够摸人的头、替人消灾解厄,要知道,正信佛法不谈神奇怪力之事。

千经万论,都是教人如何行菩萨道,佛教首重力行,如果只会说不会做,于己于人又有何益? 当然,也不要轻视自己,只要平日确实无私地为众付出,言行间自有真佛法,自能感动人同行菩萨道。

35 世间最幸福的人

"慈济人"与"慈济的人"这两者有何不同？"慈济的人"是职工——职业工作者，只是为了赚取薪资而来工作，做起事来容易产生倦怠感。"慈济人"是志工——抱持为人群服务的志愿而来工作。

我从不要求职工和志工一样完全奉献，而是期待职工要有如志工一般的心态；把那分存在心里很奥妙的大爱发挥出来，以欢喜、诚恳的态度投入，贡献给需要帮助的人。如果能付出那分纯真的爱，一定会工作得非常愉快。

常有人问："师父！您很辛苦吧！"我都会说："说不辛苦是骗人的，不过我天天都很欢喜，这分欢喜就是一股力量。欢喜的泉源从哪里来？就是'感恩'，而感恩心又是如何产生？就是心中有爱。心中有爱就会以感恩心来待人处事，自然常感到欢喜，这就如慈济人常说的一句话，甘愿做，欢喜受。"

每一个人都有不一样的人生理念，不论什么样的理念，总是选择自己最喜欢的工作,这就是生涯规划。慈济人因为选择付出无所求的慈济志业,而得到欢喜、自在,这就是慈济人选择的生涯规划。例如慈院的志工,他们用真诚的心把病人当成自己的家属,所以当他们看到病人得到很好的照顾,每个病人的生命在生死关头被医师、护理师尽心地帮助,都会心怀感恩。

　　而我呢?每一次想到,我与这么一大群志工菩萨一路同行,就觉得很高兴,不由自主地说给自己听:"你是世间最幸福的人。"因为我常常认为自己很幸福,所以,所有的疲倦尽除而天天欢喜,天天感恩:就是这份欢喜、感恩的心,让我不会倒下去。

36 心的药理学

一念善则万行俱善，一念恶则事事皆恶，若能好好用心、调心，则人间即是净土。因为，天生万物相克相生，若善于用心调理，则一切草木无不是良药；若其心不良，则黄金财富都是伤人灭族之器，一切在于一心。

现在社会经常出问题，比如有青少年吸食安非他命的问题。安非他命本来具有化学药理作用，其实，好好利用的话，它也有调理人身病痛的作用，但是，滥用了它就成了迷惑青少年的毒物，使年轻人无法上进、丧失心志，也造成社会的问题。

谈到药理，不免想到人生的生、老、病、死，其间医药的供给可说非常重要；病痛时，即使病人再坚强，却也不免痛苦直至死亡，若有良医则不只能解除病人的痛苦，也能延其寿命。医师必须真正深入医疗工作、抱着爱心去研究如何减轻病人的痛苦，这就是良医的用心。

大约一百七十年前，有一位美国的牙科医师威廉·莫顿,每一次替人拔牙时,病人还未喊痛,他的心就先感到难过,他很有心想治好患者的病,同时又期望使患者减轻痛苦。

有一天,他和同事威尔斯医师谈起治病的无助,威尔斯也有同感,于是,他们开始想办法让患者的痛苦减轻。威尔斯说:"我用化学成分'笑气'试试看!"威廉·莫顿说:"好吧! 你用笑气试看看。"两人约定试用其效果。

结果,用笑气效果不佳,这位威尔斯医师心里难过懊恼,最后竟自杀身亡。

威廉·莫顿医师一方面从事牙医的学理研究,一方面也研究药理,同时在家里临床治疗,为病人看病。有一天,他试用一种药物可以麻醉人的神经;而且用自己最心爱的狗做实验,狗立即倒下睡着了,他用火去烧它的一点点毛,狗儿浑然不觉,又用刀子稍稍刮一下它的皮,它也毫无感觉,他想,这种药可以用于小动物,对于人体也一定有效。后来经过临床试验,威廉·莫顿医师成功了,从那时候开始,所有外科的手术都用这种麻醉药——乙醚,他也成了麻醉用药的先驱者。

由此,我们可以了解,即使是有毒性的化学药物,只要善于用心应用,也能成为解除病苦的良药。良药出于良医,若是良医,则什么样的患者都能够因而得救,总之,一切唯心,一念善,万行皆善;一念恶,一切行为均恶。

37　破除我相

　　一直说"我不执著"的人,或许就是最执著的人,一个人的习气要去除,并不容易。习气,就是"我相"的表现。因为习气已经根深柢固,所以经常在不知不觉中流露出来,这就是习气不易改变的原因。

　　有些人虽然理想很高,很有才华,也很用心投入,但因为喜欢指使别人的习气,所以带不动人心,无法让人欢喜地与他共事。这样的人,总是会说:"'我'要如何做,你要接受'我'的看法……"很多的"我",什么都是"我",这就是执著"我相"。因为放不下自己,所以无法圆融人事;如果没有提起比习气更大的自觉来修正自己,久而久之会因为处处遭挫而心生退转。

　　所以我常说,去除我真是不容易。要找有才华的人并不困难,但要找心无挂碍的人,就很不容易了。

　　修行的目标,是去除烦恼,不随境转。凡夫心生烦恼通常是因为执著于"我",因为我执很重,将自己放大,所以常常以自己的见解和其他人计较；或是贪欲炽盛，无止境地追求名利，这也都起于执著"我"。

普天下人莫不是因为"我"而陷在痛苦之中，佛陀教育我们要去掉我执；没有了人、我的分别心，凡事才能以平常心去面对，也才能得到心灵的轻安自在。

38 凿隧道的日本武士

　　日本古代有一位英挺强壮的武士,受到将军的重用。由于工作的关系,这位武士和将军的夫人日久生情,后来将军起了疑心,武士先发制人,利用一次机会,在旷野无人处把将军刺杀了。他怕事情败露,带着夫人逃往他乡。

　　流浪的日子很坎坷,将军夫人过去生活富足安逸,过不惯贫苦生活,开始向武士抱怨。武士遭到夫人的轻视,渐渐自我反省,心里深深地懊悔。

　　在一次吵架之后,将军夫人离他而去,青年武士终于大彻大悟,决心往深山觅地修行。他找到一座山,是附近村落通往外界必经之地,这条山径经常有落石伤及路人,马匹在山路上跑,也容易坠入悬崖,造成很多不幸的意外。看到这些情形,武士立愿要挖出一条隧道,保障村庄人畜的安全,决定之后,他就着手进行开路的工作。

　　那是一座石山,个人的力量要挖出一条山洞,谈何容易! 不过,他决定坚持到底,以此弥补过去的错误。他白天托钵,晚上的时间就开始挖山洞,不论多么辛苦,他还是风雨无阻。年复一年,时间流过了二十八个年头……

这一天,从前将军的儿子路经于此,听说有位出家人在开隧道,内心大受感动,决定去拜访这位出家人。

两人相见之际,将军之子认出杀父仇人就在眼前,于是拔刀要杀这位出家人。出家人心里有数,不过,他向将军之子请求:"过去所犯的过失我应该偿还,但是,请你给我两年的时间,等我把隧道打通,那时一定把我的头颅摆在你的面前。"

将军之子被他这股精神所感动,就说:"好吧!给你两年的时间。"从此,出家人白天也顾不得托钵了,他夜以继日地工作,不停地开凿山洞。年轻的将军之子看他如此辛苦地工作,很受感动,而且等待的时间也很无聊,为了让他早日完成,就自动加入开路的工作。这条隧道终于在两人通力合作下打通了。

隧道打通那天,出家人向将军之子说:"刚好是两年的时间。很感谢你等我两年,圆满我的愿,也很感谢你让我偿还这分债。"他很诚恳地跪在将军之子面前,把带在身边的武士刀——也就是杀死将军的那把刀举起来,献给将军之子,请他下手。

将军之子接过武士刀,心里非常犹豫,过了一会儿,他终于把武士刀丢掉,说:"世间有学生杀老师的道理吗?这两年来,我学到了很多,看到你的精神和意志如此坚定,为了村民的安全,你不惜身体的劳苦,付出无比的耐力。这两年虽然不长,但我体会到冤冤相报无尽期……我认为你是我的老师,所以,我不可杀害老师,请你收我为弟子。"

故事里的出家人过去也曾起心动念,犯了大错,但是一旦智慧开启,他从堕落中自救了。他凭着毅力做利益人群的工作,踏上永不后悔之路,终于感动了仇家解怨释结。

39 双脚万能的女孩

　　曾有一位三十出头的小姐来看我,她没有结婚,因为身体有缺陷——缺少两只手。这女孩非常坚强,她很庆幸自己还有两条腿,并以脚代替双手所有的功能,吃饭、写字、穿衣都用脚,甚至在公司上班,担任总机的工作,她也是以脚代手,而且做得很愉快。

　　我问:"电话机是不是特别安装过?"

　　"没有,我可以用两只脚趾挟着听筒听电话。又用另一只脚拿笔做记录!"

　　想想,这是一般人做得到的吗? 她虽然身体残缺,却能练出这番功夫,更让我吃惊的是,她还可以操作传真机。

　　问她:"传真机是不是拿到地上才能使用?"她说没有,就是一般人用的传真机。她当场表演,两只脚趾挟起纸来非常俐落。平时,我们用手拿还会两张纸夹在一起,她却不会。她又表演穿衣服、脱衣服的方法,真是双"脚"万能。

　　尽管她身体有缺陷,她的心却很健全,在很多人面前,她也坦然地表演给我看。看她动作那么流畅，我反而觉得很惭愧，因为正常人做起事来，往往还拖泥带水，而她没有手，竟然能以脚代手，做到双手的全部功能，她的生活衣、食、住、行都不必靠别人帮忙，因为，她以耐心训练自己。

她不断地训练自己，能独立谋生，不求于人，发挥正常人的功能。她能守本分，所以能和正常人并驾齐驱，这也是从调心和耐心训练成的。"一勤天下无难事"，想想，没有双手的人都能做到自力更生，更何况我们四肢健全的人，我们的发心、毅力能够输她吗？

我们学佛是要"做佛"，所以，更要有耐心、毅力，向佛看齐，好好地学习。能调心才有耐心、耐力，有耐力才能达到目标。

40 转苦为乐

在娑婆世界中，众生皆有业，差别只在如何用心去转业。若以正确的方法修行，就能化苦为乐；假使看不开、想不透，即使是乐，也会把它当作是苦。所以佛陀示现在人间，以智慧透彻苦源，他告诉我们，人生的苦乐只在一个心念，人在苦中造业，在业中同样烦恼。佛陀说法四十九年，都没离开一个"苦"字，佛陀初转法轮，即说"苦、集、灭、道"，分析人生诸苦及苦因，并开示转苦为乐的方法。

一位侨居加拿大的慈济委员告诉我，加拿大也有很多贫困的人，因为经济不景气，穷人所得到的帮助不多，所以他计划在那里成立"食物银行"。这个银行不是要卖东西，而是希望把慈济精神散播到当地，呼吁台湾侨胞，人人付出爱心，购买食物捐赠这个银行，帮助挨饿受冻的人。

有的人以为"外国的月亮比较圆"，其实，台湾土地虽然不大，但是大家互相关心，彼此照顾，还是可以安居乐业。

普天之下有多少人，就有多少苦。有钱的人，有"富有"

的苦,没钱的人,有"贫穷"的苦;有钱的,是心理空虚;没钱
的,是物质缺乏,这种种都是苦。慈济的工作就是要解除种
种世间的苦。

多欲为苦,能放下贪念才会快乐,如果这个看不开,那
个也放不下,事事都聚集在心上,为此烦恼造业,那就苦上
加苦了。所以,我们要教富有的人放掉贪念,自然能将苦化
整为零,这样就会快乐。我们应该要知福,也要惜福,如果
常常想:我是一个有福的人,我要很惜福。这样一来,我们
就会懂得感恩,不但会惜福,而且懂得继续造福。现在社会
需要有爱心的人,大家知福、惜福,并且去散播福的种子,才
不会有那么多苦难的人。

41 点亮无尽灯

　　佛教中有这样一个故事。有一天,当持世菩萨静坐时,忽然有位天人来到面前说:"菩萨在殷勤精进,功德无量,我要供养菩萨。"于是就带来一群天女,要供养他。持世菩萨问:"你带这么多人来,要为我做什么事?"天人说:"她们可以唱歌给你听,可以跳舞给你看,还能陪你作乐!"

　　持世菩萨说:"我是佛陀的弟子,世间的欲乐已不能动摇我的心,你不该把这些欲乐拿来引诱修行人。"天人说:"难得人生啊!为何要脱离欲乐……"持世菩萨正无法应付时,维摩诘居士出现了,他对天人说:"持世菩萨不接受,我来接受,你将这些天女献给我。"

　　天人一见维摩诘居士,脸色大变,心里很惊慌。维摩诘居士说:"你是波旬魔王,想利用魔女引诱修行人的心,他不敢接受,我会接受的。"魔王被看穿身份,急着要把魔女带走。但是,维摩诘居士的法力比魔王还强,他用定力定住了这些魔女,魔王惊恐不已,只好丢下这群魔女,独自离开。

　　于是,维摩诘居士为魔女们开示说法,警惕她们不可再沉迷于五欲中,要好乐佛法,利益一切众生。维摩诘居士为她们宣说很多佛法,魔女们听了,觉得菩萨的境界真是清净地,这分欢喜快乐,不是魔界的享乐所可比拟,因此很欢喜地投入佛法中。

　　魔王愈想愈不甘心,又现形要求维摩诘居士让他把魔女带走,魔女们听了都不愿意。维摩诘居士说:"你们可以回去化导同伴。"魔女请教:"如何在污浊欲乐之中度人,而不受污染?"维摩诘居士回答:"以佛法点亮无尽灯,一盏心灯可以点亮无数暗淡的心地,回去之后,要赶快把心灯传出去!"

　　魔女们听了,终于心开意解,对于人世欲乐与菩萨境界之间的差异,已了了分明,所以,很愿意将心中的那盏灯带回去,要照亮一切迷茫的人。

42 缩小自己，扩大心量

凡夫之所以为凡夫，就是因为心量狭窄，烦恼和惶恐的事都是出于自己目光短小；而君子心量坦荡荡，圣人、佛的心量更是心包太虚、量周沙界，凡圣二者的差别，只在心量的狭小与宽大，学佛者要扩大心胸，要有包容天下众生的爱。

百年前，美国有一位住院医师，他在医院附设医学院念书，也做临床工作。有一天他用心研究出局部麻醉药品的运用，很高兴地向主任教授报告，没想到主任静静听完他的研究后，只是笑笑点头，没有惊讶的反应。

"主任，你感觉怎样？我的发现，你有没有什么批评指教？"

主任说："我相信。"

住院医师很惊愕地问："你是说，你早已知道可以局部麻醉？"

"不只知道，在十多年前就已经发现，我曾经指导过牙科医师做同样的局部麻醉，用在拔牙。"住院医师听了之后，像是泄了气的皮球，别人十几年前就发现了，而现在他才发现。

他问主任："你为什么不写出文章，发表到世界各地呢？"

主任回答："因为很忙就没发表。而且觉得这个方法，只要可以运用在病人身上，技术员也能互相配合，发挥临床上的效用就行了。"

年轻住院医师有气无力地说："我已经把论文寄出去了。"这位主任以慈祥的双眼看着他，替他打气拍拍肩膀说："你应该发表，因为我没时间发表，所以该由你发表。而且你研究的时间比我长，发表出去可让医学界的人都知道，使它发挥最大的效用，利益在患者的身上，减轻他们的痛苦！"

住院医师很感激这位主任教授，明明先发现了，也已发挥功能十多年，现在却鼓励他发表出来。

这篇论文发表后，真的轰动医学界人士，年轻的住院医师一举成名。这都归功于他有一位心量宽大的教授，才能成就一位年轻的医师。

要找到能够成人之美的人，实在不容易，经过百多年后的现在社会,学术界已日日进步,而人的心量和修养却还是不及前人。

　　一个美好的世界,一定要每一个人都有慈心、爱心,大家都投入人群,发挥良能,相辅相助,才能成就一个清净美好的世界,也才可能超凡入圣。

43 分别心与平等慧

　　什么人要超越凡夫之见？就是我们自己，能够超越，我们的心地就会恢复原来的光明。凡夫心的烦恼都是自己招惹的，有时求好心切，反而弄巧成拙，这是自作聪明之害。

　　佛陀在世时，五百弟子中有一位宾头卢颇罗堕，他非常聪明，也很有智慧，有一段时间，他喜欢显露神通，佛陀于是禁止弟子显异惑众。

　　后来，他又向一位长者现了神通。佛陀知道后，就向宾头卢说："你故意显神通，罚你不能进入涅槃，你要在末法时代传法给众生，将来若有人很虔诚地邀请，你就必须现身为他们证明佛法。"

　　过了将近百年的时间，有一位居士知道佛陀的一位弟子还没有入涅槃，如果施斋供养僧众，他必定会降临会场。所以，那时印度的佛教徒若盖新房子、新浴池，就会很虔诚地设斋供僧，希望宾头卢尊者能降临。

　　印度有能力盖浴室的家庭都是很富有的人，当地多数人都是"天浴",过去的出家众也是用天浴净身,也就是等到下雨才能洗浴,或者在天然的溪流洗浴。所以,当地富有人家把浴室盖好后,第一件事就是供僧,要邀请宾头卢尊者,他们如仪迎接,当作真有一位高僧大德来临一样。

那时有一位非常富有的长者,他也想邀请宾头卢尊者,为了表示隆重,他请人插了很多花,预备许多水果。结果一天下来,花就凋谢了。

当时有一个传说,如果宾头卢尊者亲临受供,那水就很清,花也艳丽清香,不令凋谢;相反则否。长者看到花都谢了,心里非常懊恼。他请示一位法师,法师回答:"因为你的虔诚还不够!"他说:"那我再来一次吧!"

第二次也非常隆重,但是花还是凋谢了,他又去请教法师,法师的回答仍然是:"诚意还不够!"

第三次,他将家里摆设得花果茂盛,又同时邀请几百位僧伽,有一位很老迈的尊长也来应供,富人一一供养他们。虔诚供养之后,他抬头一看,全部的花果都还清香如新,因此很欢喜地向大德僧众叩谢,他说:"前两次我也是用这么虔诚的心,邀请宾头卢尊者,为何那两次他都没来?"

那老迈的尊者说:"你已连续请我三次,第一次我就来了，但是，你家门禁森严，奴仆只准许外表庄严的出家人进来，我衣衫褴褛，他们就不让我进门。我告诉他们说——你们的主人很虔诚地邀请我来。但是，他们不仅不让我进门，还用棍子打我，把我的额头都打破了。第二次邀请，又再次挨打。这一次我换掉褴褛的僧衣，才得以进门啊！"

凡夫就有这样的分别心，什么人比较庄严？什么人比较不起眼？不起眼的人就把他排在后面，或者禁止进入；庄严的人则让他排在前面，这是"人间事"。这其间往往会漏掉自己虔诚的心，所谓"平等心"、"平常心"，我们应该以这种心来对待人。

44 学做菩萨

　　佛陀教导人将生命体转为慧命体。慧命体就是实相，要体会实相，只有行菩萨道。

　　慈济有许多大专生，利用寒暑假到医院服务，他们到医院的每一个角落，亲切地对老年人称呼"阿公"、"阿嬷"，对中年人叫"伯伯"、"叔叔"。看老人身体污秽，就拜托阿公让他们帮他洗个澡；为了让阿公答应，还不断向他撒娇，央求他；甚至从床上背他下来，到浴室去，仍一面帮他洗澡，一面跟他说话，净化他的心。他们使每一位病人都能开怀快乐，有如孩子在孝顺父母，有如天真的孙儿在娱乐祖父母，这就是菩萨心，是最天真无邪的本性。

　　希望台湾能有更多像这样的人，使台湾成为一个净土、一个菩萨修行的训练场所，这是我最大的期待。对于这分期待，我真的很有信心，因为这和世俗功利的追求不同。

　　佛陀的教法所成就的是智慧之体，也叫做慧命，母亲是十月怀胎生子，而佛陀是"从口生子"，将他的智慧化为音声，由口说法来净化人心，教导人从生命体转为慧命体。慧命不会颠倒，觉悟之情不会互相违离，只要能保持大我的慧命存在，整体的佛法就能在大家的心灵中交流。

我们既然得了人身，听闻佛法，并走入菩萨道，就要步步精进，念念连结，不要让菩萨心念有一点间断，如此才能常常走在菩萨道上，不致迷失。

这些大专青年是新发意菩萨，才刚开始学做菩萨，需要有人常常照顾他们的菩提芽，灌溉和爱护才能使它长大成荫，因此，慈济的师姑们不断地指引他们，又示范给他们看。

菩萨群要互相勉励，平时要多训练，使习惯成自然，共行菩萨道。

45 用心磨出智慧

　　学佛最重要的是行于大乘道中,大乘的法门在佛教里处处皆有,只是"知易行难"。其实要做一点都不困难,最怕的在于恒心保持不住。若只是一时的发心、投入,无法去体会菩萨道的康庄美丽。我们要有耐心,才能体证佛的教法,和菩萨道的深妙。我们所付出的是要救济众生,所以必定要用心投入、用时间去体会。

　　在屏东的幼稚园里,有一位老师告诉小朋友:"有一个慈济世界,有很多好人,他们都在救济贫苦困难的人。"什么是困苦的人? 他们很惊讶,老师很有耐心,每天告诉他们好人的故事,也告诉他们贫困人家的可怜情况。孩子们听了心中都有一分好奇,于是老师带他们去看故事中的真实人物。他们想都没想过穷苦人家的房子会那么破,深深体会到原来世间有这么多的可怜人。

　　从此以后,小朋友对于做好人、行好事就起了一分很恭敬的心,尤其是"慈济人",在幼稚的童子心中,都是伟大的人。这是在这些孩子的文章内所表现的心声。

对于孩子来说，我们所做的一切都是身教，用我们身体力行来实践佛法，佛陀教我们要行六度。六度是：布施、持戒、忍辱、精进、禅定、智慧；这是做菩萨的六种条件。第一种条件就是要布施，布施则要付出，不只是付出，还要守规矩。佛陀教我们"诸恶莫作，众善奉行"，这就是持戒；此外还要"精进"，要时时刻刻、分分秒秒的精进，这就是菩萨道。但是人生多苦难，人生生活几十年的时间，所走的道路往往坎坷不平，若遇到人与事来困扰时，我们是不是会继续精进呢？当然要，这就是学佛。

世间众生贤愚不同之处就在于境界现前时，要能保持一心不乱，要众善奉行，一心精进，而这必定要有忍辱的功夫；若不忍耐，听到别人说一句不好听的话就要打退堂鼓，还要谈什么精进呢？假使道心不坚固，碰到一点境界很快就会打住，那要如何进步呢？所以，精进还要加上忍辱。精进忍辱，可练就我们心内的一股定力，有这股定力就能无事不做、无事不成；有这股定力自能使我们众善奉行。若有定力自然产生智慧，智慧不是人家给我们的，智慧要我们自己用心去磨出来。

46 穷子流浪的故事

　　佛陀在《法华经·信解品》中,讲了一段穷子在外流浪的故事。故事中的长者为了寻找走失的孩子,费尽艰辛;而迷失的孩子也受尽苦难,在外流浪几十年。

　　有一天,长者终于认出一位乞丐就是他失踪的孩子,他怕孩子又离开,赶紧派人在后面追,不料乞丐看到有人追他,以为是官府的人,怕得拼命跑。好不容易追到了,乞丐吓得魂飞魄散,晕了过去。长者只好把他救醒,无奈地放他离去,再派人暗中跟踪,知道乞丐的落脚处。

　　后来,长者故意换掉华丽的衣服,把脸和手脚涂得脏兮兮,拿着扫帚畚箕装成一般百姓,跟在乞丐后面,耐心地亲近他。熟悉之后,长者告诉他:"你这样每天辛苦地乞食,有一餐,没一餐的,干脆到我家工作,如果愿意来,你就不用去乞食了,在我家有得吃、有得住,生活很安稳。"乞丐一听,非常高兴地接受了。

　　于是,长者分派工作给他,他每天做得很高兴,不论工作粗重繁多,他都抱着欢喜心,不断地付出。

经过一段很长的时间,长者已年老,临命终时,他看到自己的孩子已渐渐对人生有所抱负,于是就向大家宣布乞儿原是他的亲生子,又说将来所有的财产和奴婢都归他的孩子所有。

当乞儿听到这些话后,脑中轰然如梦初醒,讶异道:"我一无所有,怎么会一下子得到这么多?"其实,他本来就是富家之子,家财万贯,只因一时贪玩而迷失流浪在外,才会过着艰苦的生活。

长年来乞儿不知父亲的一片苦心,这和我们迷失的心又差多少呢? 每一个人都有和佛一样的清净本性,有崇高的良知、智慧,而许多人却甘愿堕落在凡夫的境界,因贪欲而迷失在茫茫的人群中,偶尔有一念修行的心,却又经常认为自己只是凡夫,对自己没有信心,也无耐心去承担如来家业。

大家不可妄自菲薄,只要任劳任怨地付出,就会得到很大的回报。不断用心地付出,有朝一日"不求自得",那分快乐才是我们永恒的快乐。

47 瞋心如火

人心若有贪、瞋、痴、慢、疑的污染，在学佛道上就无法纯真、精进。所谓修行，就是要把心中的污染，好好忏悔洗涤。其实，习气与观念本无形，也非物质，那又如何污染我们的心呢？如能时时警惕自己，无贪念、不瞋怒、不自大、不贡高我慢，就能常存慈悲喜舍，温柔待人。心如常存一分爱，轻柔善顺，又如何被污染？

重要的是要如何培养好习惯和好观念？如果大家能步步谨慎，不犯规，不犯错，时时培养利益人群的心，与人合心、互爱，这就是一种好习惯的培养。

常和人计较，也是一种习惯，这种不好的习惯，我们要尽快去除。有人说："这个人不错，只是喜欢和人计较。"这就是展露出喜欢和人计较的形态。甚至也常听人说："其实这个人心地不坏，只是脾气坏，容易冲动。"喜欢计较与脾气坏，给人的印象又如何呢？发脾气时当然是丑化了自己。

人发脾气时，常脑筋混乱、面容难看、言语粗暴，所以说

心宽念纯

"发脾气是短暂的发疯"。许多人都有轻易发脾气的习惯，稍不顺心就忍不下一口气，或者未深思明辨就将他人言行往坏处想，而与人起冲突。

也许有人会认为："人难免会生气，只要心地不错，偶尔发发脾气又有什么关系！"可是，既然心地不错，何苦丑化自己的形象呢？"怒发冲冠"就是形容人生气时，头发都向上竖立，好像斗鸡争斗时，全身羽毛直竖。人发脾气时也一样，大家可以画一张图看看——怒发贲张、眉毛倒竖、两眼圆睁、龇牙咧嘴，这个样子好看吗？我们何苦如此丑化自己令别人轻视，而且发怒时言行失去分寸，往往使事情变得更糟。

一个人的修养程度，从他面对突发境界的方式可以看出来。所以，不顺心就发脾气，表示平时的修心功夫还不够，应该更加努力培养温柔宽厚的胸怀，使自己的一言一行都能让人如沐春风。

心境柔软谦逊，才能时时声色柔和地待人处事。有一个方法可以检验自己的心够不够谦逊——言行有疏失时，能否很坦然地说："对不起，是我错了！"虽然只是简单几个字，许多人却难以说出口，因为不肯承认自己错，或明知自己不对,却觉得向人道歉很没面子,这些心态不断累积,就变得愈来愈刚强。

有句话说:"一把无明火,烧尽功德林。"好好用心地培养善念、锻炼定力,莫让辛苦累积的道业因瞋怒之火而前功尽弃。

48 懂得感恩，才有幸福

在大陆曾有这样一个个案，家境原本就贫寒的男主人为了盖一栋房子，很努力地工作，却不幸发生车祸，成为植物人。他的太太因此离家，留下三个孩子。家中的奶奶已老迈，大儿子虽然已经十九岁，但远游他方，不知道家里有此变故，最小的孩子十四岁，还在读书，因此只能依靠十六岁的老二，一肩扛起照顾父亲的责任。他们一家住在地穴，没有门，一下雨地穴就积水，但他们毫无怨言，直到遇上慈济人，才帮助他们盖房子，不必日日住在地穴中。

和这一户人家比较起来，生长在台湾的我们应深感满足。

修行要能适应环境，像大陆的这一户人家在那种恶劣的环境下，他们能够适应，无悲哀也无烦恼的心态，这也是一种修行。重要的是我们要懂得感恩，若有感恩心，则时时有幸福的感受；若不知感恩，则环境再好还是不会满足。

49 天真就是美

　　记得有一次去看儿童夏令营的小朋友。在那里看他们上课的情形,那天的课程是"目连救母",由辅导员扮演目连尊者、目连之母及阿难的角色。演出的内容大略是:目连之母很贪心又常杀生,目连要做善事,她总是阻止,断他的善缘。不久之后,目连之母死了堕入饿鬼道,目连很孝顺,极力想救母亲。目连之母看到目连就说:"我肚子好饿!"目连很心酸,赶紧拿一个碗盛饭要给妈妈吃,但是他妈妈看了却说:"饭这么烫,好像在燃烧一样,怎么吃呢?"目连很难过,但也无可奈何。

　　戏演完了,辅导老师问小朋友:"为什么目连的妈妈不能吃这碗饭呢?"小朋友不假思索地说:"目连尊者为什么不把饭拿进冰箱冰一下呢?"另一位接口说:"那时候怎么会有冰箱?"小朋友的对话多么天真可爱。第一个小朋友代表现代小朋友的知识,因为现在家家户户都有冰箱,东西要凉,放进冰箱是很自然的动作。第二位回答的就是智慧,智慧是全盘的了解,而知识只是生活状况的了解。

人有了知识往往就会比较,比如:我家没有冰箱,你们怎么有?有计较之心,烦恼就会增加。有智慧则又不同,智慧可以博通古今,了解过去的人怎么生活。以前的人,天气热时用扇子,一扇在手就已心满意足。白天他们过的是农忙的日子,晚上到户外乘凉,如此他们已经觉得很享受了。

现代人却多数都没有大自然的环境可乘凉,看看那些高楼大厦,有一二十层楼的,根本无法接触到大自然,夏天需要冷气,冬天要用暖气;以前家家户户有烟囱,现在用的是四四方方的微波炉。虽然物质生活水准提高,而人心却常常不满足,这都是智识比较的结果,因此把天真自然完全破坏了。学佛要学得不去比较、计较,而且过任何一种生活都要能安然自在,日常生活可应用智识,但待人则应运用良能智慧。

事物一定要经过六识再融入生活中;六根接触六尘,然后分别冷、热、香、臭等,待人则不可有计较之心,要想如何利益人群、普度众生?这是学佛者应有的心量。

看到一群天真可爱的小朋友,我们如果也能回归天真的本性,生活回到自然,多么美好可爱。

心宽念纯

50 乐在众生得安乐

　　每当一个地方发生天灾,慈济并非一听到消息就把钱送过去,而是先经过勘灾,了解受灾户的紧急需求及恢复能力,之后商讨济助的方式;完全无力自救者,才列入长期关怀的对象。

　　举早年大陆赈灾为例,天冷了,我们为灾民准备卫生衣、棉袄、棉被;风雪肆虐,农地没有收成,我们就设法给他们粮食,所有的物资都是切合民众所需,后续则帮助他们自立。

　　春天到了,我们发给他们种子及肥料,只要他们勤于耕种,土地就能复耕。这些种子可以让他们年年丰收,全家温饱,这是最令人感到欢喜的事。

　　其实,给他们种子是替我们自己播福田。好比有一个病人在生死边缘挣扎,我们一定不忍心袖手旁观,会赶紧找最好的药,以最好的技术来照顾患者。我们夜以继日守在病人身边,关心看护,等病人恢复时,看他可以自由地走来走去，我们一定非常欢喜，而且觉得很满足，很有成就感。

因为有志工辛苦的奉献，灾民才有能力站起来，所以，不要说："他们都住新房子，田园也绿油油，当时，我们为了募款而受风吹日晒雨淋，真是多余呀！"这个想法是错的，应该想：幸亏当时大家曾辛苦付出，现在他们才有好房子可住，又有黄澄澄的稻子得以收成。

使一切众生得安乐，是我们学佛的目标，众生得离苦，菩萨即安乐。

51 刘伯温与赛诸葛

　　野史上记载,明朝皇帝朱元璋登基时,有刘伯温辅助他稳定江山。当时大局还不是很稳定,有一天,朱元璋和刘伯温相约探访民情,同时观察地形,设法抵挡敌兵侵犯。

　　他们出发到安徽省采石镇,看到很多人忙着割稻,走近一看,稻子根本还没成熟。他们觉得很奇怪,为什么不等稻子成熟时再收割? 于是探问当地的农民,农民说:"听说敌兵将要侵犯中原,算算日期,可能最近的期间内来犯,到时候这个地方就是一个战场。与其放着稻子被兵马踏坏,不如先收割起来。"

　　朱元璋问:"你们怎么知道敌兵将来犯?"村人说:"我们镇上有一位剃头师,人人称他赛诸葛,他说的话都很准确,他要我们赶快割稻,要不然敌军真的来犯,这米谷就要损失了。"

　　当他们走到镇内时,看到很多人家张灯结彩,都在娶媳妇或嫁女儿,刘伯温说:"奇怪呀! 屈指一算,今天是个很不好的日子,有不吉祥的气氛,为什么这镇上反而都在办喜事呢?"于是他们走进一个正在办喜事的家庭,先要了一杯茶喝,然后说:"我们是外地来的,觉得很奇怪,这村里怎么那么多人家办喜事,今天是好日子吗?"

主人回答:"今天虽有五煞,不是婚嫁的好日子,但是今天皇上会来,皇上洪福齐天,什么恶煞之气都会变好,皇上洪福能冲掉不祥之气!"朱元璋听了很惊讶,他出来时没有人知道,为什么这些人知道自己今天会来?村民说:"赛诸葛说的话,我们都相信,他的判断很准确,所以我们宁可相信他。"朱元璋一听,他暗下决定:"今天一定要找到这位赛诸葛!"

一旁的刘伯温心想:"一定不能让赛诸葛和皇上见面,否则我将失去皇上的宠信。"他到剃头店买了一把刀,准备一见到赛诸葛就先杀了他。他找到赛诸葛的家,敲了门,可是没有人应,当他愈敲愈用力时,里面有人应声道:"刘军师呀!刘军师,你不要再敲了,再敲我也不会开门。"

刘伯温愈敲愈生气。赛诸葛大声说:"我怎么可以开门,你的身边带了刀呀!如果开门,我的命就没了,我才不开门。"正在这时,朱元璋也来了,他拍拍刘伯温的肩膀说:

"军师呀！你太过分了。"

刘伯温虽有聪明才智，料事如神，但是遇到一个剃头匠，身份很不起眼，智慧却超过他，而他的心无法容纳，显现了凡夫的劣根性。

"嫉贤妒能"这是凡人容易有的缺点，我们要好好谨慎自己，常常反省自己，分析自己，看看对他人不高兴是否因为嫉妒心？别人如有机会步步高升，或者得到功德，我们都要随喜赞叹。这是成人之美，是修养，人懂得修养，道德才能完成。

52 种诸善因

我们每一个人的心，因为有后天的纷扰，有时善念也会转到恶的方向。世间就是善恶杂糅，才会显现明显的是与非。如果大家都是善良的，这个社会会很美，偏偏就是有一些恶的观念、习惯和行为，使得人与人之间会互相提防、惊惶，不能真正自在，这就是世间的缺陷。

巴西有一位年轻人连续杀了十四个人，被杀者从六岁到十三岁之间都有，杀死之后，还把他们的脖子折断，喝他们的血。这件杀人案，真是耸人听闻。

甚至办案人员将他逮捕之后，他也没有悔过的心态，还不断地问办案人员："你们曾经办过这种案件吗？过去有人做过这样的事吗？"他竟以自己的行为为荣，一点都不后悔，这种人生实在很恐怖。

破案之后，凡是和他认识的人都说："这个孩子本来很好，跟人相处也很和睦。"甚至有一位邻居，说他的小孩三岁多了，因为他做生意很忙，这个年轻人常帮他看小孩，而且带得很好。

　　确实很奇怪，平常人人都说他很好，对小孩也很有爱心。但是心态一变，竟然会做这种骇人听闻的案件，而且作案之后还让人看不出来，实在很难分析他这种恶胆从何而来。

　　心性的善与恶在什么样的环境下培养，就有可能引发出来。若恶念启动，就步步皆错了。

　　我们学佛，平时就要好好把这善恶之念过滤过，恶的事情不要去染著，善念则要不断地培养。我们要亲近善因缘，若有善知识，应该常常与之亲近，把我们的心灵净化，如此恶念也会转成善念。

53 道心分秒在面前

常有人立大愿要代替一切众生受苦，不为自己求安乐。但是，若有一点行不通的难关，他就说："我的挫折感很大，已经没希望了。"如此又退回凡夫地，自寻烦恼。所以，大家除了立志之外，还要不反顾、不后悔，以毅力和耐心冲破一切难关。

经藏里有这样的记载——有七个人志同道合，相约修行，因为他们知道人间险恶，几十年的生命不长，却会造许多业。

经过了十二年，他们心念还是起伏不定，即使离开人群，却不觉得快乐，而烦恼的根在哪里呢？在于情欲未断。虽然，山里环境很幽静，但是日子久了，他们觉得生活毫无乐趣，回顾以前在家时有父母兄弟，有男女之情，而在深山里的十二年什么都没得到。于是这七个人相约离开修行的地方。

那时，佛陀知道这几位修行人心性不定，将来可能堕入地狱，非常可惜，因此他化做一位沙门，在他们必经的山路旁打坐等待，要度化他们。

这七人在路口遇到佛陀，一见到佛陀的威仪庄严，不由得虔诚跪拜顶礼。佛陀说："你们且慢回去，人命无常，朝不保夕。学道虽难，但是先苦后甘。要知道居家如火宅，你们若就俗还家，业力缘缠，千年万劫永难停息。世人妻儿团聚，希望永远快乐却不可得；就如病人服用毒药一样，有害无益。唯有信道持戒，无放逸之心，修行证道，才能轻安快乐、永断众苦。"

佛陀又说："修行是一条心路历程，要修到心不被情念所染；视富贵名利如浮云、如敝屣而不动心，像这样就是得道了。能看透乱相、假相，道就在其中。若看不透，再投入社会内心会更乱。一切的苦皆因执著而成；执于名利、情爱，有这些欲望聚集，自然苦不堪言啊！"

这七位修行人顿时惭愧万分，在佛陀面前一心悔过，再回山上精进修行，而后终于断除妄念，证得阿罗汉果。由此可知，修行一定要抱持坚固长久的耐心，才有契入圣道的一天。

的确，一切苦都是集人我是非而来；我们想要得道，一定要看开人我是非。有时别人无心之言，听者却故意去抓他的毛病，或因而钻牛角尖，这都是自寻烦恼。若能以宽心待人，对事淡然处之，就会相安无事。真正做到无争，才能够得道，但是要尽心去做，这就是要训练出宽大的胸怀，人与人之间互相关怀、无争无斗。如此，心念会很平静，这就是道心。

道心分秒都在面前，得道之路就在我们脚下，若说远吗？其实不远；若说近吗？似乎又非常遥远。关键在于心，一念平静之心即道心；一念烦恼心就是凡夫心。

54 想不开是世间最大的苦

　　凡夫经常有分别心,有特别亲爱的人,就有特别讨厌的人,无法由烦恼中解脱出来。所以学佛者要训练自己,以对最亲爱之人的心,去对待讨厌的人。

　　有人或许会说:"说得容易,哪里能够做得到?"要原谅敌对的人似乎很困难。但是,有一位八岁的孩子来精舍听到我说:"要能够原谅别人,能原谅别人才是好人。"他就能够实际应用。他是小学一年级的学生,有同学欺负他、打他,他气得握紧拳头,但是,他想到自己立志要做一个"能够原谅别人的人",所以,对方打他,他一直避开,并且说:"我要原谅他、要爱他。"老师看到了,就问:"你在念什么啊?"

　　他回答:"我要原谅他、要爱他。"老师这才知道为什么这孩子常常能够礼让别人,原来他立志要做一个"原谅别人的人"。八岁的孩子听了一句好话即永记在心,别人欺负他,他就能避开,并且原谅对方。而我们已经历练了几十年,怎么反而做不到呢?

　　佛陀也教我们心要自在,要八风吹不动,利、衰、毁、誉、称、讥、苦、乐不动于心。别人称赞我，这不算什么，因为做好人、做好事，待人接物很得体，这都是应该的，别人的称赞有什么值得欢喜？有句话说"得意忘形"，不要因为别人称赞自己，就高兴得得意忘形，这也是烦恼。

别人的批评毁谤也不用生气。话出如"风"，话讲出来像一阵风，一下子就没有了，为什么毫无重量的一句话，我们的心会被它撞碎呢？是那句话伤自己的心吗？其实是自己伤了自己，所以一切不要太在意。

若是经常将别人的话放在心上就是烦恼，人与人之间会结怨连仇。听到有人毁谤自己要赶快反省，想想自己是不是有错；听别人赞叹自己要小心警惕，想想自己的基础是否打稳，要更努力做有利益的事。

利，要讲"天下利"；福，要讲"天下福"，不可只为自己的私利而奔逐竞争，要为天下的大利而付出。人生之路遥远，难免会遇上坎坷的路段，我们不可因此丧志，要更抬头挺胸，把脚步踏稳。

世间最大的苦是自己想不开，让自己的心受苦，我们要能转苦为乐，不要让芝麻绿豆的小事放在心中而自讨苦吃，才能时时自在。

55 "慈来"的法号

　　人生"既来之则安之",佛陀告诉我们立地成佛的方法。如何能够立地成佛? 就是要"不思前,不思后",专心于现在,此时此刻去力行善业、净业。过去不论如何生活,已是过去了;对未来一直空思妄想,也都是多余的。我们应该好好把握现在,才能心安理得、理得心安,所做的一切无愧于心,又让人欢喜,这就叫做功德。

　　有的人等到生病时才去求神求佛,求福求长寿,我认为这些都是不需要的。在世间,生命多长并不是很重要,若空过时日,即使有很长的寿命,也是"白来人间"的生命。而生命若能发挥大的效能价值,则尽管是短短的生命,也能看到真正美丽的心地风光。总之,身心能够发挥良能,就是最美好的人生。

　　有一位年轻人,在她正要踏入慈济菩萨道时发生意外,被一辆砂石车撞上,伤重往生。

　　我在她"头七"那天,授予皈依的法号和慈济委员证,法号是"慈来",希望她抱着慈济的精神再到人间来接慈济的棒子,走上她最爱的慈济道路。我相信她真的在等我授证给她,虽然这是迟来的法号,迟来的授证。但是,当她"回来"后,这是最早的授证和最早的法号。希望她下一生出世后,手就能指着东边的慈济发祥地,更希望她会说话时就知道要救人,能礼敬三宝,相信她也会和许多小菩萨一样,省尿布的钱,参加四大志业。

过去的不要计较,未来的不要妄想,最重要的是:把握当下,善用这一期的生命发挥良能,这就是立地的解脱之法。

56 开口动舌自我祝福

防非止恶即是戒的功能,防是预防,心中不要有非分之念产生,乃至发于行动。比如说人是非就是"非",想说时,要及时停止,虽然心中起了一念非,但未发于言行,这即是止恶。

口业是这样,身业也是如此,人与人之间相处,最容易发生看到不高兴的事,马上翻脸,给人家坏脸色看,让人难堪。心中一念瞋心即是心念之非,脸色难看也是形态之恶,最好见境不动心,起码不要一下子就发脾气。遇到逆境,我们要用柔和的态度,大智若愚,不可恶形恶相地对待别人,才能止恶。

讲话动不动就很大声,或是针锋相对,得理不饶人,认为自己有理,声音就愈来愈大,不肯让人,这都是心念之非,发于声则是声音之恶。我们学佛时时刻刻都要防非止恶,这是日常生活中最简单的事,也是我们应该注意的本分事,若能多注意预防,还会犯什么错呢?

　　以前的妇女叫孩子回家,常喊道:"这夭寿囝仔,跑哪去了?""夭寿"不是好听的话,它是短命的意思。甚至有些人还骂先生"膨肚短命"(闽南语),这都不是好话,虽然说者无心,但有这种习惯很不好。开口动舌要自我祝福,也要祝福别人,要说:"我的孩子很乖,先生很好,只是有点小缺点,但我有信心,他一定会改。"这就是对自己的祝福。

　　知足的人懂得自我祝福,有信心就有福,不会怨天尤人;有信心就有警惕心,才不会犯错。若是样样觉得比不上别人,这是不知足的人。

57 爱心、安心、顾好心

现代社会因为人心不安,所以会觉得社会不安定。其实,问题的来源还是在于人心;"心"能安定下来,则日常生活中,人与人之间的相处都充满祥和、快乐,哪会有社会不安的问题。

每一个人,不论是社会人士或修行者,都应该随时把自己的心照顾好。我常说,一般人常讲"爱心、爱心",意思指不忍心看他人挨饿受冻,自己身边若有钱即发心布施,称之为爱心。

其实,对于修行人而言,爱心是要照顾好自己的心,我们的起心动念无不是业、无不是罪,如果没有顾好自己的心,动了一个恶念,就会招来一分恶业。所以,我们要时时"爱"好自己的"心",开头的一念若"爱顾"得好,自然能生活得安然无恙。

日常生活的行、住、坐、卧,以"行"而言,小处指走路、大则指交通。走路时,心要用于行走,才会安全。我在医院加护病房外见到一位心急如焚的太太,她的先生在她清洗地板时,匆匆忙忙地走过来,结果滑倒了,这么一跌就头晕想吐,进而昏迷不醒。医师说他脑部严重出血,十分不乐观。走平坦的路却发生这么严重的意外,这就是走路不用心。

又如坐也要坐得安心,佛教中的打坐是训练自己安心,让"身在兹、心亦在兹"——身心一处;有的人坐不安稳,一坐下来就昏沉,或者心念东奔西跑,身心无法合一。打坐时要身体挺直,还要一念不杂,分秒都把心念照顾好。

至于"卧",心若不安,即使连睡卧都不得安稳。医疗志工曾提到一个案例——慈院有一位年轻的女孩,脑部受伤住进加护病房快一个月了,还在昏迷中。原来她在家里,晚上都睡不着,所以翻来覆去,不小心跌下床撞击脑部。

为什么睡不着呢?因为"心不安"!心无法安定,晚上都睡不好,导致意外发生。这些例子,都是因为"不安好自己的心"。

总之,"安心"多么重要,社会人士需要安心,在寺院修行的人更需要安心,时时把心"顾"好、"安"好、爱好自己的心,才能去爱他人,爱心就会源源不绝。

58　惜福才有福报

　　几十年前的菲律宾号称"东方明珠",政治民主、经济富庶、人民安居乐业,矿产、农业、渔业一切都很丰富,排名世界前十名,可以说遍地黄金,但竟然不断因为人祸而衰败。除了人祸,天灾也频频发生,火山爆发、台风、水灾连连,真是任何人都预料不到。

　　我告诉菲律宾的慈济人应该从当地华人社会开始呼吁,使人发挥爱心,启发人生的良知,唤醒大家的善念,才能息灭这些天灾人祸。我说:"佛陀告诉我们'一切唯心',这是善恶业共聚,无论是灾难或祥和的世界,都是人民的心念共集所成。"菲律宾会灾害不断,人祸不休就是恶性循环,人人不知互相保护、彼此救助,如此恶性循环,灾难会连绵下去。

　　唯有将自私自利的爱,转为大我的爱,有大我无私共同的爱心,才可得到祥和的社会、风调雨顺的环境。

　　反观台湾地区,台湾每个人都已经很有福,要赶快惜福,再努力造福,这才是善良的循环。如果大家都能用心反观自己,珍惜自己是很有福的人,社会才会充满祥和的福报。

59 舍的意义

　　有位年轻医师坦言内心的疑惑,如慈济曾举行珠宝义卖,买卖之间动辄上百万元,如此大手笔,是否对社会造成不好的示范? 因为善行应注重平时点滴的付出,而不应追求这种瞬间的虚华。再者,难以知悉捐赠珠宝者发心的纯度如何? 如果只是贪功德的心态,对其人又有何益?

　　思贤居士听了,以自己身为事业有成的生意人,现在则全心做志工的心路转折,与这位医师分享。他说,当初自己开始做慈善公益时,也曾被人质疑动机,但他认为做善事是自己的权利,只要守住不为名利的善心就好,别人的误解或批评不用在意,多一些好人好事,社会才会更好。所以,我们应该鼓励人多做善事,而不必去研究他的动机是为名或为利,即使他行善的心不纯正,也总比拿钱去做坏事来得好。

　　慈济的使命是净化人心,希望每个人都能觉悟自己来人间的意义,而不自陷于贪求物欲的深渊。以此观点,社会上各行业，不论是大企业家或基层百姓，我们都鼓励他们能发挥爱心，既利益社会，也成就自己生命的价值。

人人量力行善，自己有多少能力就付出多少，这是一定的道理。所以，许多市井小民缩衣节食赞助慈济，也有不少富裕人家出钱出力；就因为大家的爱心捐输，慈济才得以在世界各地从事救济工作。

佛陀教育大家要慈悲喜舍，其中"舍"是非常重要的精神。例如佛世时，给孤独长者以黄金铺地换取土地，建造精舍，使佛陀及弟子们能安心修道及讲经说法，以佛法甘露普施众生，这就是大舍精神所成就的净业。又如医师也要有舍的观念，才能不计时间，以解除病人苦痛为使命，否则斤斤计较上班时间，病人如何获得充分照顾？

如果有人肯舍，而且舍得很欢喜，这就是他的慈心悲愿，不论舍多舍少，我们都应圆满他的爱心。

富有的人珠宝放在家中和保管箱里，对社会并无益处；如果喜舍义卖，就能发挥助人功能。对于舍珠宝的人来说，舍的意义是"去贪"——不贪恋身外物，愿意以助人为念。

有些富裕人家的太太，平日生活都是逛委托行，与人比较谁的钻石大、谁的衣饰名贵！这种奢华的生活，只换来心灵的空虚。然而当这位太太因喜舍而走入慈济,乃至将先生也接引进来,同心同志走在菩萨道上,这也是美事一桩,不仅自己内心受到净化,也能重新建立幸福美满的家庭。如此,何乐而不为呢?

心宽念纯

60 将心比心得快乐

人生要生活得快乐,要先将心比心。

森林里,一群兽类聚在一起,虽不同类,但它们相处和谐。有一天,单脚的兽向多脚的虫说:"我天生只有一只脚,不过也走得很自然,我看你有那么多只脚,跑起来会不会互相妨碍?"多脚虫回答:"不会呀! 跑起来也很自由。"

多足的虫向蛇说:"我有很多脚走起来很自然,而你没有脚,但好像走得比我还快!"蛇说:"是呀! 我虽然没有脚,只利用身体摆动,但也觉得很自然。"蛇又向风说:"你无足,无形体,可是你走路比什么都快!"风说:"我天生如此,一下子在东海,一下子在西海,虽然行动很快,但是还比不上人类的手,它指着东西南北,方向就很分明。"

手指又说:"手指比不上眼睛,眼睛在瞬间就能看清远方投射的东西。"眼睛却说:"眼睛看东西虽然快,但是还比不上人的心。"

这是个寓言故事,其实,人生要自在,应该"将心比心"。

故事里单脚比多脚的，多脚比无足，无足又比无形，无形的又不及有形的手。双手万能，可以创造一切，又可指引方向，但手又比不上眼睛，眼睛则觉得比不上心的投射。

其实，世间什么都不用比，只要将心比心，而人多数都只想到自己，这件事是不是自己高兴？是不是很乐意？这环境是不是可以享受？多数人凡事都归功于自我，不论做什么都以自我为出发点，以自己的利益为中心，很少人会去想到别人的感受，这就是凡夫的毛病。

喜欢比较是人的苦恼，大家要快乐要高兴，要学一样——"将心比心"，如此人生才会幸福。

61 施眼珠的故事

能舍才能得到快乐,不舍则不得。

有人捐钱后,事业赚钱,他认为这是理所当然;身体健康,有福可享,也是应该的,因为做好事有功德。遇到生意上门,他自信会成交;若稍有不顺,则埋怨佛陀为何没有保佑他,心里很不高兴。

还有人发生一点小意外,比如机车擦撞,手脚受伤,就会说:"我有拜佛做功德呀!为何还发生这些事?"这些心态比世俗的贪名利还辛苦。因为他认为自己是会布施的人,所以自大骄傲,贪中又起我慢心,这并不是真正的"舍无量心"。

很久以前,舍利弗在过去生中,因了悟世上的一切,都是虚伪变化之相,因此发心修行,他将家产完全施舍,打开仓库,任需要的人自由取用。如此,他还觉得施舍得不够,不能算是菩萨,虽然他已一无长物,但他发愿只要有人求助,他必定要"有求必应"。

有一天,他在路上看到一个年轻人在啼哭,他问:"你为什么哭呢?"年轻人哭道:"我母亲生病了,医师说要用修行人的眼睛做药引,才能治愈……"

修行人听了,毫不考虑地说:"那容易!"说罢就忍痛将自己的左眼挖出来。这时年轻人却喊道:"啊!不是要左眼,是要右眼呀!医师说要用右眼!"修行人心想:再挖右眼也没关系,只要能救人,还是值得。于是他又挖了右眼。

那年轻人拿到眼珠,凑近闻了闻却说:"好腥臭呀!医师说要很有修行的人的眼珠才有效,你的眼珠这么臭,一定是修行得还不够!"于是,他把眼珠扔在地上,还故意用双脚践踏,发出了声音。

当时,修行人已经看不见了,但耳朵还很敏锐,他心灰意冷到了极点,因此退失了菩萨心,不敢当菩萨了。他想,将来我还是要修行,但证罗汉果就好,菩萨道难修啊!从此,他生生世世只达罗汉声闻的果位,这是佛陀座下智慧第一的舍利弗往昔的心路历程。

虽有智慧,但无法达到菩萨的果位,是因为受不了考验,还有一点懊恼心之故。所以,我们要好好修持这个"舍"心,有句话说:"舍是道场,憎爱断故。"过去生的舍利弗布施不贪功德，但是不被接受，又遭侮辱，因此起了一念瞋心，退失道心，而真正清净的舍则不在意这些。

佛法不只是用来听的，而是要实践，做了之后才能真正领会。舍是道场，能断除烦恼才是舍，不只要舍去身外物，还要舍去心灵的胡思乱想，舍掉喜、怒、哀、乐和一切名利地位的贪执，这样才会产生智慧和毅力。过去生的舍利弗虽具足智慧，却少了毅力，因为他的心还有"舍不得"，舍不得就得不到那份毅力。时时用心，舍到三轮体空，才是真布施。

62 七十万的车祸赔偿

一位慈诚队员正在路口等红灯,后方两位共乘机车的年轻人没戴安全帽又闯红灯,撞上慈诚的车子后跌倒,不幸被后来的车子碾过而丧生。

两位年轻人是堂兄弟。他们的父亲很不讲道理,原本向第二部车主要求赔偿,但是车主不愿意,而且态度很强硬,因此他们回过头,一口咬定是慈诚队员的错。

虽然警方鉴定我们的慈诚毫无责任,但身为佛教徒,他常听我说:"人与人之间都是缘,恶业由恶缘而来,车祸是恶缘的聚会。"他说他能体会天下父母心,所以常常去看丧家的父母,并安慰他们。因为亡者和他的年龄差不多,他对他们说:"我会把你们当成父母一样看待,但是我的经济并不宽裕,是否赔偿金额能减少一点?"

他们要求一条人命三十五万元,两个是七十万元。但是这位慈诚才刚出社会不久,哪有能力负担?尤其他的家人很不服气,认为既然错不在他,为何要赔偿?双方僵持不下,因此一群人来找我评理。

亡者家属说:"既然是慈济人,怎能不赔偿?"

我说:"论理来讲,一条性命能评定价值多少吗?再说,我们的慈诚是凭着佛教徒逆来顺受的心,才不断去安慰你们。你们应该把他当作自己的儿子,不要让他这么为难。"

好半天亡者的父亲才说:"我知道这位年轻人很诚恳。"

"是啊!人的生命是无价的,若拿它来讲价,似乎就不通情理了。"劝了很久,亡者家属终于能够谅解。最后我告诉他们:"这都是缘,痛过之后,心结总要纾解开来。"

一切动作都是由心而起,当与人计较时,即是没有"安"好自己的心。恶缘也是缘,碰到了要认真面对,恶缘才会远离。

63 高低不成零智慧

　　现在社会有许多人,是那么的贡高傲慢,以为自己非常了不起,有多么高的才干,以为自己长得很漂亮,或自恃强壮有力,这一切都是我见、贡高傲慢,所以很难融入社会,不能亲近人群,无法彼此生欢喜心,做事也得不到人人的支持,好人缘都被自己的贡高傲慢所障碍。

　　我常常看到这类的人,在几年前也遇到过这样一个人——他刚获得博士学位回来台湾时,理想很高,一直认为以他的学位,职业应该要超人一等。但是,学位不代表他想得到的地位,时间一年一年过去了,他总是高不成,低不就,结果就这样让时间空过。

　　后来,他又与人比较:当初同时期回国的朋友,为什么比自己好呢? 他心里愤愤不平,更加不肯接受薪资、地位较低的职业;而愈不肯接受,时间就浪费愈多。当时再与人比起来,别人的年资愈来愈深,地位一直高升,而他若进入公司工作,又得从基层员工开始做起,尽管他有学位,还是有资历的差别。

经过这么多年的时间,他还是不满现实,对自己所学的专长也没兴趣了,又开始从新的技术学起,态度变得很孤傲,甚至远离人群。

如果他能安守本分,刚回国时就从基层做起,不需要多久的时间,我想,他也会步步高升。但是,因为他的贡高我慢,使日子空过,失去发挥专长的机会,这是最大的损失!他的心态远离人群、排斥人群,也形成他最大的障碍。

我常说,知识不等于智慧,有一位在医院服务的志工也说,对于这句话她有深刻的体验。因为她学历很高,结婚以后,却得跟先生回家乡,耕种、除草、捡柴、挑水,凡是家人做的事她都得做,她内心非常不平衡。她的娘家人都说,像她这样的人才在乡下去做那些事,实在很可惜。人家愈说,她的心就愈觉得痛苦。当了志工后,她已经体会到高学历有何用呢?若不能发挥身体的功能,连使用权也都没有了。

若光有学识,有些事情还是想不开、看不开,心里无法静下来,如此心态,行为也会有所偏差。智慧不是从学识中得来的,智慧是从内心清净的本性而来,体会人生与宇宙的真理,又能清净、无条件地走入人群,这就是智慧纯真的使用权与良能。

能发挥智慧,在人群中就会得好缘,植好因,获好果,这是一定的道理。如果我们自认为了不起,样样比人行、条件比人好,贡高我慢,那就无法合群了。

64 悔过记

佛陀在世时化导众生,也是一种"社会心理"辅导,当时社会人心有什么病症,佛陀就针对这个毛病去辅导。

曾经有一位长者的独生子,因为父母非常宠爱他,万般迁就他,以致他对应有的礼节都不在乎,整日花天酒地,任他的父母怎么劝导都没有用。后来,他的父亲认为可能是没有让他担负责任的缘故,所以心想:倒不如把家业交给他,让他有个责任,看能不能安分守己。

不料,这个独生子继承家业后,不但没有安分守己,反而变本加厉,几年后,家产已被他败光了,最后在外面流浪。他想回家哀求父母收容接纳,但是,父母也不认他了。他听说天下最慈悲的人是佛陀,佛陀的心量开阔,愿意宽谅一切众生。他心想不如投靠佛陀,这样三餐就不必担忧了。

佛陀看到他来,了解他的状况,佛陀说:"天底下最慈悲、最关心、最能容纳你的,莫过于你的父母,只要你知道回头,父母必能再接纳你。如果你心地不清净,即使在佛门里,也是一样藏垢不净。趁着你的父母还健在时,回去向他们求忏悔,让老人家看到浪子回头,赶快回去重建家园。"佛陀如此谆谆教诲,这年轻人就听佛的话回去了。他很真诚地向父母忏悔,父母也愿意让他东山再起。

知子莫若父,当初长者只给他部分的家产,这回儿子知道忏悔改过了,父母才把所藏的财产拿出来给儿子做生意。他彻底改过,认真工作,对父母很孝顺,对人礼让诚实,行为端正,博得亲朋好友的好评,他真的东山再起了。

他本来是一个放荡的孩子,经过佛陀的教导之后,至诚地悔悟,短短三年成就美好的人生。当他行为、事业、人格重新建立之后,他再回到佛陀的面前,向佛顶礼致谢,感谢佛陀点醒他。

人生需要环境来磨炼,需要吃过苦才知道苦的源头,这是大家要用心思维之处。

65 原谅别人美化人生

　　人生有许多事都是忘不了的,因为心里有所执著,执著于爱或不爱。有喜爱就会不断地追求,用心计较,想要有所得,这都是人的欲念执著。相对而言,就是厌恶。要忘掉过去讨厌的事、所怨所恨的人,也是很难啊!

　　怨恨的心念比感恩的心念更难忘记。人与人相处,难免有特别投缘的人,也有特别无缘的人。特别投缘者,希望和他日日相处;工作时希望能和他在一起做事。如果和不喜欢的人在一起,就恨不得赶快离开他;或是他一开口,明明是好话,听起来也觉得很厌烦,连好话都变成坏话。这就是凡夫的执著心理。

　　有一位小朋友写了一篇文章,题目是"老师给我的一句好话"。他说,自从老师教他抄一句好话,他的观念转变了。有一天从学校回来,到房间一看,发现作业、劳作及一些本来收拾好的东西,被弄得乱七八糟,原来是四岁的小妹将这些东西全部抽出来,撒得满地都是。当时,他气得两手握着拳头想要搥她,但是忽然想到一句好话:"原谅他人就是善待自己。"他才将拳头慢慢松开。他将这最好的一句话拿来用,结果原谅别人之后,自己很高兴。渐渐地,妹妹也很爱他,他证明了"原谅他人就是善待自己"。

这就是智慧,他看到东西散落一地时,他的知识告诉他:"怎么可以这样?我花了多少心血在那上面,怎么可以把它弄坏?怎么可以撒得到处都是?"知识能分别好的东西被弄坏,整洁的东西被弄散,当然很冲动。这时,有一个意识告诉自己:"你要生气,你要打她!"所以他两手握紧,想打下去,幸好他的智慧及时显现,才能压制意识的冲动。

唯有智慧才能圆融人与人的关系,才能美化人生,这就是我们学佛所要学的——学习如何将丑陋的人生和怨恨的念头化解,转化为一分感恩心。

66 苦乐一念间

有一位坐轮椅的病人，他全身僵硬，只有头部可以转动，非常辛苦。千里迢迢从台北来到花莲，为的是要说出他的心声。

他说，从前他病了很久，又遭人遗弃，住在老旧的社区里，那时觉得人生很黑暗，一点都没有生活下去的勇气。他觉得自己又丑又无法活动，因此，整天把门关得紧紧的，别人不喜欢见他，他也不愿意让别人看到，他过的是暗无天日的生活。

后来，慈济委员接到这个个案，就常常去看他，从不开门叫到愿意开门，从他不讲话问到愿意回答。委员们去帮他打扫房子，帮他洗澡，然后煮食物给他吃，天天和他闲话家常，他被委员的爱心感动了，所以，这几年来生活得很快乐。他觉得自己没有那么需要钱，因为身体不自由，没有机会花用，所以，他不要求金钱上的帮助，只希望得到精神上的鼓励。

　　他省下一万五千元捐出来,从那时候起就没有再接受我们的帮助,只凭当局的救助金过日子。他说:"我现在很快乐,以前很痛苦!"

　　苦与乐仅在一心,什么样的境界能转自己的心? 冷热、苦乐只在于我们是否愿意接受。大自然的境界原本就是那样,我们若不以自然的心态去接受,则不论如何逃避,都无法逃避。

67　最幸福的人生

　　有位慈济荣誉董事带了一群朋友来看我,她指着其中一位说:"我的朋友是从香港来的,他很想见师父,就算订不到火车座位,也坚持站着来。"荣董又说:"师父,请您开导,让他心情放开点,他特地从香港回来和兄嫂分财产,兄嫂不给,他很烦恼。"

　　我问:"为什么要和兄嫂分财产?"

　　年轻人说:"我不是要争财产,兄嫂很有钱,又没有孩子,很多人骗他们投资,造成亏损,叫他们做好事又不愿意,钱放在他们那里很可惜!"

　　我说:"这么多年都安然过来了,何必再计较?你看你的荣董朋友,他们夫妻过去创业也很辛苦,现在把孩子栽培得成家立业了,就把所有的东西捐给慈济,他们的心量多宽广!"

　　这对荣董夫妇确实很投入,不断地奉献,而且不求回报,做得天天欢喜、毫无怨气。

年轻人听了我的话,表情和刚来时不一样了,很开朗地说:"我可以不和兄嫂计较,但仍觉得他们很可怜!"

我说:"你只要祝福他们就好,为善竞争和计较争财产,这两种心态,哪一种可爱?"

其实,爱和慈善才是最幸福的人生。

68 用智慧引导"中途"的孩子

　　人人本具智慧,却因环境的习染,眼、耳、身体感受的一切都是纷扰的事相,因此渐渐被世智辩聪所遮盖。智慧和世智辩聪到底有什么差别? 智慧是清净的,可以分析很微小的事理;世智辩聪对微小的事容易疏忽,对于大的东西易迷惘,这就是不同之点。人一离开母体,即开始受到社会上人群的污染,所以会学习到种种世智常识。

　　曾有一梯次的夏令营,有"中途之家"的孩子来参加。这所中途之家是天主教所创办的机构,他们要把孩子送到我们这里,机构里的修女很挣扎,因为,他们曾把孩子送去参加类似活动,但是,孩子在那里被排斥,回去之后还是依然故我。这次老师想把孩子送来,修女原本认为多此一举,老师极力争取,最后将九位小朋友送来参加夏令营。

　　在这里几天的时间内,我们以平常心教育训练他们,这些孩子回中途之家后,竟然改掉过去的顽皮不听话,而且很勤劳,会向老师要工作做,并且做得很有条理。他们的修女和老师,非常感恩这些日子我们对孩子的教育。

其中一个小孩,他平常有一个坏习惯——偷东西,这习惯很难改。这次参加活动回去后,看到别人的东西,仍然会手痒,拿了之后,虽然别人没有发觉,但是他自己心灵很挣扎,于是跑去向老师认错。

老师发现他变乖了,以前这孩子从来不肯认错,你说他没改吗?他会把东西交还,还肯认错忏悔,这是良知已被启发,相信他会渐除恶习。

另外有一位小学五年级的学生,他连最基本的bpmf都不会,这回参加活动后,回去很认真地学bpmf,现在已经学会了。老师很高兴,问他:"为什么用功学习呢?"小孩天真地说:"我想写信给慈济的大姊姊,学会了bpmf就可以写信了啊!"

问中途之家的孩子有何心得?他们说:"很高兴来这里交到许多好朋友。"

再问:"以前你们参加活动,没有交到好朋友吗?"小孩说:"没有,因为我爸爸是小偷,他们都很排斥我。"这次来这里,因为大家穿同样的制服,不会让人觉得他们有什么不一样,天真活泼的孩子很快就玩在一起,彼此关怀,所以,他们说这次来这里是最有心得的一次。

我们用很浅显的话，使他们了解什么是爱？什么是病苦？什么是教育、人文？而他们了解之后，自然能受用，这是智慧的引导，使他们由迷失而找到方向，回归原来的良知智慧，这是非常重要的一件事。

69 一念之差

　　凡夫多数都迷于内心,而向外求法。有一位行脚僧请教大慈禅师道:"要如何修行,才得解脱。"

　　大慈禅师回答:"唯有顿悟一门,才得解脱。"

　　行脚僧又问:"什么是顿悟?"

　　禅师回答:"顿是顿除妄念,悟是悟无所得。"

　　"这要如何修?"

　　"从根本修。"

　　"什么才是根本?"

　　"心,心就是根本。"

　　行脚僧继续问:"如何知道心就是根本?"

　　大慈禅师耐心地说:"'心生则诸法生,心灭则诸法灭',可见一切万法都由心造。凡夫和圣人之所以不同,就在于凡夫求佛,圣人求心;愚人调身,圣人调心,这也是圣愚不同的重点。"

　　我们从这段请法的对话中,可以了解学佛实在是重于

"心"。一切唯心造，不论是善是恶都是从心念而起，由身去动作。社会上有多少人都是因为心没有调好，一念之差，造成终身遗憾。

有一则新闻说：一位四十二岁的妇女，她先生早逝，留下二男一女。这位母亲为了把孩子养大，必须设法赚钱，但是她一念之差，走私毒品又贩卖安非他命，结果被治安人员抓到，判刑七年六个月。

她被送到花莲监狱服刑，她的大儿子受不了刺激，觉得很没面子，就在台北华中桥跳水自杀身亡。接着是小女儿要读高中，她的二儿子心想，妹妹要注册没钱，妈妈被关，哥哥又自杀了，现在只剩下他和妹妹两人，无以维生，他觉得人生实在毫无希望，竟然也跳水自杀。

不幸的消息传到花莲监狱，做妈妈的真是伤心欲绝，她每天喃喃自语："我错了！都是我害的！"至此才醒悟自己的"一念之差"。

其实社会各行各业都可以做，只要努力大多可以维生，为何非要去贩毒不可？她的一念之差，不只害了两个儿子，而且小女儿在外头谁来照顾呢？

还有别人的孩子——买安非他命的青少年，心理、生理不知已遭受多大的伤害！子女吸毒，父母最担忧烦恼，每天要过着惊惶的日子。这些情况她以前有没有想过？然而当时她的心已迷失了，迷惑于财利，使她选择了这种损人又不利己的行业。

70 身形易受苦

佛陀时代,有四位比丘在讨论人生之苦,有一位说:"让人无法专心修行的莫过于淫欲,淫欲使人的心七上八下,非常痛苦!"另一位说:"我觉得饥渴最痛苦,若能饮食无缺,我想那就是人生最快乐的事。"又有一位说:"我倒是觉得爱发脾气最苦了,我常想以欢喜心待人,但一看到不顺眼的人又发脾气,生气之后,我觉得很难过,别人也不高兴。"第四位说:"我觉得惊慌、不自在最痛苦,人生无常,什么灾难要降临在身上无法预测,我天天都在担心会有祸事发生,实在很痛苦!"

四个人在那里议论纷纷,佛陀正好经过,就问道:"什么事让你们争论不休?"他们又重述一次。佛陀说:"你们只知其末,没有去探讨苦的根源。淫欲令人丧身灭族;饥渴、瞋恚、惊惶,这都是人生的苦,但其根源在于有身啊!"因为有身体,所以会受到外在的诱惑;又对环境起分别——因为有身体,所以见色起淫;因为有身体,所以必须有饮食,饮食缺乏,即感痛苦;因为心没有调理好,所以境来起瞋;因为执著于身体,道理看得不透彻,所以时时惊惶。因为人生无常,而又太爱惜这个身体,才会惊慌不定。总之,苦的根源来自身体。

佛陀说起,过去有一位比丘到深山里修行,那时,比丘的周围还住着一只蛤蚌、一只鸟、一条蛇、一只鹿,它们白天各自去觅食,晚上又回到比丘的身边。

有一天,四禽聚在一起谈论彼此的苦处。蛤蚌的淫欲最强,它说:"要去掉淫欲是一件最痛苦的事。"鸟儿说:"饥渴最苦,饥渴会使我丧身,有时为了觅食而到处奔波,饿得头昏眼花时,连罗网都看不清楚险些丧命,这一切都是为了觅食!"蛇说:"瞋恚让我最感痛苦,一怒之下,吐毒伤人,真的非常苦。"鹿说道:"惊惶最苦,每当我吃草时,一听到有什么风吹草动,我就惊慌逃跑,深怕猎人突然出现。"

那时,比丘就对四禽说法。比丘说:"六道之中都是苦于有身形,天人有天人之苦,因天福享尽时就有五衰相现前。人有生、老、病、死,有种种外境引人造业,最后是痛苦的别离死亡。三途恶道,也是因为身体造恶,以致遭受地狱之苦。畜生、饿鬼各有其身形之苦。总之,六道皆因有身形而受苦。"

一切"身形"无不是由心造，也无不是由自己去感受。上天堂、下地狱，或者到饿鬼、畜生道去，无不是由心所成。一念善上天堂，行菩萨道则超越天堂到达菩萨的境界；一念恶则三途苦难均感受到。所以，心念要照顾好，善恶宜分辨清楚。

71　冬天已然过去

　　人生,过去的如水流逝,不必再回忆;而未来的很遥远,也不必想太多;我们应该注意现在,所以佛陀教我们要舍烦恼。每逢过年,精舍的屋里屋外,都会再打扫清洁,除旧布新。其实,屋子每天都要清扫,因为我们也希望每天看到干干净净、没有灰尘的环境。而人的心地,更是需要日日扫除烦恼垢秽。人生几十年的时间必须精进不懈,不可将时间白白浪费。不识佛法的人,过着空空洞洞的岁月,我们认识了佛法,就要踏踏实实地过一生。

　　为什么不认识佛法会空过岁月呢？一般人随着社会潮流而追逐功利,到头来又能得到什么呢？岁月消逝,人会衰老,到了最后一天,除了"带业"而去,还带些什么呢？人如果不知道"业"是怎么造成的,也不知道将来带着什么样的"业"离去,只看到眼前的功利、斗争,那么,必定是过着虚浮空洞的日子。

　　学佛之后,应该知道日子要怎么过,知道自己所做的一切举动,到底哪一样是恶业,哪一样是善业,而且要预防恶业,也要精进善业。精进善业必须爱惜时间;防止恶业必须小心谨慎,不懈怠。未来的路应自己选择,应该走光明康庄的大路,或是落寞的小路? 当然,佛陀教我们力行康庄的菩萨道路,我们所要学的即是菩萨的精神。

既然要学菩萨精神,走菩萨的道路,就必须时时立下善的心愿。若有人问我新年发什么愿? 我还是和往年一样:

一、不求身体健康,只求智慧充足、精神敏睿。若有很明朗的精神,有很充足的智慧,这一生的道路就可以走得很正确,思想、言语、动作无有错误,能够分清善恶业;而慧命就是由这精神所培养起来的。

二、不求事事如意,只求有足够的信心、毅力、勇气。我们既来世间,就会带着过去所造的业因,既然有因必有果,在因果之间,更应该要了解,若没有种如意因,要求得如意果,当然是不可得。况且人生几十年,难免坎坷,所以求事事如意不可得,我只要求有足够的信心、毅力和勇气。即使遇到人生的坎坷不如意,只要有这股信心、毅力、勇气,自然就能度过重重难关。

三、不求减轻责任,只求增加力量。有些人要求步步高升，减轻责任，我认为，人来世间能够负起责任就是福，尤其是出家修行，担荷如来家业，普天下的众生何其多啊！怎能减轻责任呢？我不怕责任重，我只希望增加力量，人多力大才能将如来的家业、普天下众生的安危担在肩头。

72 志愿的清道夫

世间什么人最富有？富有不能以金钱和地位来定论，因为有钱人不一定快乐，有的人地位很高，却高得危殆不安，所以，让人感觉那不是真正最幸福的事。

我曾看到一位真正富有的人，他不是物质富有，而是本性富有，他很有爱心、耐心，又勤劳节俭。

他是一位六十多岁的老人，平时以劳力的工作维生，是一位模板工，但他很会利用时间，每天早上四点多就出门，在新北市中和区的一些街道上打扫、捡垃圾。

二三十年来他很高兴地做这些事，而且乐此不疲，不论刮风或是下雨，他都照常出门去。街道有破洞，他也会自动铺上柏油，把窟窿修补好，他担心骑机车的人不小心摔倒，所以勤于补路，他以实际行动来爱乡、爱里、爱别人，内心充满着爱，我觉得这是最富有的人生。

他的太太也是很贤德的女人，虽然没有一点儿装饰，却是很美的一位老妇人。先生每天出去后，她煮好早餐就去找先生回来用饭，"有时候不知他扫到哪里去了，我就到处找，看得眼睛都花了！"老太太说。

这对夫妻是一对最幸福的夫妻，先生回来用饭时，老太太就忙着为他盛饭菜，如此周而复始的生活，几十年来不曾改变。

访问者问他可曾想过要去玩？他说："从来没有计划过！"他的运动就是打扫街道、捡垃圾，这份心灵风光，是他人生最美的心境，他觉得"我家门前清洁，别人家门前也该干净！"

人生要求些什么呢？求身边有很多钱、很高的地位、很多名利？真正得到的又能享受多久、利用多少呢？要向外求，不如由自身做起，那不是更踏实吗？

73 爱的清泉

在我初出家时,就常感到心中有一股泉源,这股不断涌现的泉水就是"爱",而这分大爱的源头,来自佛陀的启示。

佛陀觉悟宇宙真理之后,先到鹿野苑为憍陈如等五比丘说法;有人觉得奇怪,到底这五人有什么因缘,能成为佛陀最初度化的对象、佛陀最初的弟子? 佛陀为解疑惑,讲了一个过去生的故事。

在过去无量劫以前,有一位国王非常仁慈、爱民如子,但不幸国内发生干旱,很多人因此饿死,人民饥饿难耐,发生暴动。国王非常悲痛与不忍,以虔诚的心祈求上天降雨,但七天后依然烈日当空,国王下定决心,将国家托付大臣后,来到海边石崖上,用最虔诚的心祈祷:"凡是人民一切业力,我都愿意承担,我愿意舍身拯救全国人民。"国王立愿化为大鱼,让人民暂时充饥维持生命。祷告完后,国王纵身入海,消息传出,举国悲恸,动乱也平息下来。

不久,海中浮出一条大鱼,大如山丘,随浪潮漂到海滩上。当时岸上有五人正在修船，他们发现这条巨大无比的鱼，觉得很奇怪，马上跑到鱼的身边，似乎听到鱼向他们说话，请他们到村中呼唤每户人家来割肉充饥。鱼还说："我累生累世修行，舍身救度众生，现在众生有难，我当然要救。只要你们能帮我完成心愿，叫村民来割肉维生，将来我若修行成道，首先要度的就是你们五位。"

五人完成大鱼的心愿，解救了村民。这五人即是后来的五比丘，大鱼则是佛陀前生，于是佛陀成道后依循承诺，首先度化五比丘。

佛陀以大慈大悲的爱，生生世世来人间，任何地方有苦难，就随众生需要而化现不同身形去救度。佛陀这分精神，就是我心中常涌现的爱的清泉。人人心中都有这股爱的活泉，只要合心协力发挥大爱，就能汇集成一股巨大的力量。发挥爱心，决不能忽视点点滴滴的力量；不论年龄老少、身份高低、捐款多少，所有的付出都没有差别，就如一滴永不干涸的水，永远存在于大爱功德海中。

74 执著于法,愈转愈迷

过去慧能大师的时代,有一位从远地来的行脚僧要拜见他,见到慧能大师时,行脚僧就向大师顶礼,但是头不着地。

慧能大师问道:"你要顶礼,但又头不着地,这算什么顶礼?"行脚僧说:"我已经读过《法华经》三千遍,我懂的道理已经很多了!"慧能大师问:"你读过经,但是,你知道其中的道理吗? 读经而不去除内心的贡高骄傲,则经的中心精粹,你根本无法深入啊! 即使念诵一万遍也没用!"

心迷被法华转,心悟则转法华。像那行脚僧念了三千遍《法华经》,心却仍在迷惑之中,他的迷惑即是:"《法华经》是成佛之道,我已经读了三千遍,所以我很了不起!"贡高骄傲布满于心,这就是被法华转了。

心悟的人可以转法华,也就是心如果清明,能够体会道理,则世间还有什么"我"呢? 佛陀不是说过:"心、佛、众生三无差别!"还有谁特别了不起? 看得开小我,才能汇入"空中妙有"的大我,否则,读再多《法华经》也无用啊!

　　《法华经》的道理是让我们知道路要怎么走;教我们行菩萨道,发菩提心,多付出而不计较,如果能够如此,就是走在法华的妙理中了。所以,心悟可以转法华,法华是修行的道具,若能深刻领会,也就不必一直捧在手上。

　　《金刚经》言"法如筏",要渡河必须靠竹筏,而上岸之后,就不要再抬着竹筏走路了! 学佛也是如此,一切法都是"方法",我们要如何走在菩萨道,乃至成佛,经典是指路的工具,所以,不应执著于法,否则就被法所转了,而且愈转愈迷。

75 时时用心，时时善解

两位慈济委员一起出门，倒车之际，后方突然窜出一辆宾士轿车，把委员的车撞得转了好几圈，车身全毁！事后宾士车逃之夭夭，旁边的人看到委员的车凹陷严重，都说："里面的人一定没救了！"

开车的委员被撞得昏过去，路人敲打车门时，她才醒过来，一醒来就说："我比较没关系，赶快救我的朋友！"周围的人回答："不用救了，她还救得活吗？"她一听吓得又晕过去，等她们都醒来时，已经在医院中。

结果，另一位委员只是手臂骨折，开车的委员做了检查也平安无事，两人住在同一间病房调养。家属看到全毁的车，又看到她俩平安无事，都说："幸亏你们都做慈济，否则就不堪设想了！"虽然，她们发生车祸，却因此度了家属和朋友们，让他们生起"善有善报"的虔心与善解。

她们受伤是为了载运慈济的文宣品，如果不善解，以烦恼心来看的话，可能会说："早知道我就不做了，不只人受伤,连车子也完全报销了!"但是,因心境不同,她们除了善解,还抱着感恩心。开车委员的先生还开了一张新台币一百万的支票捐出来,为两位委员"庆生",庆幸她们死里逃生。

这就是善解。不论遇到怎样的人与事,能善解心里自然欢喜,生活自然自在,善解也是从心而生,所以,我们要时时用心,时时善解。

76 无所不在的"道"

　　平时学道,很多人都希望博学深究,这是求道者的心态,但"道"究竟有多广?"理"有多深?

　　有一天,一位小朋友跑着、跑着,不小心跌倒了,坐在地上哭叫不休,他的妈妈赶紧把他扶起来,他还是哭个不停,怎么哄都哄不住,他一边叫,一边指着地上的一颗石头,原来是那颗石头把他绊倒了。他的爸爸就把这颗石头拿起来丢到远处去,此时小孩才停止哭泣,破涕为笑。

　　孩子哭闹不停,到底想表现什么呢? 其实人心原本都是一片天真,但是一出生就受后天环境的影响。有什么不如意,父母就给他一个回应,姊姊打他一下,他哭了,父母过来哄他时,就说:"来! 我打姊姊给你看。"这样他就高兴了,从小就养成复仇的心态,所以连跌倒、踢到石头,同样也产生报复的心理,非将那颗石头丢得远远的不可,他才甘心。

　　这就是不当之"教",如果从小被教育成凡事报复,长大后很难期望他能消化掉仇恨心理。

心宽念纯

教导孩子懂得道理其实不难，只要教他们用心思考，凡事都是道理。

比如屏东尤振卿老师，除了教学生课业以外，每天也影印《静思语》中的一段文字，要学生们抄下来，并应用在日常生活中。有次我行脚至屏东时，尤老师带这些孩子来和我见面，并送我一本他们写的文章，题目是"一件秘密的事情"。其中一位小女孩写道：

师公，我们老师出了个作文题目"一件秘密的事"，而且要写给您哦！我真羡慕您，可以看到我们班上四十二个人的秘密！真好！

师公，那我现在就跟您说，我的秘密就是，我也常捐钱给班上的"慈济扑满"，听说我们全班（加上老师）已经有一万多元了哦！厉害吧！还有，老师说您如果来屏东，有空他要带我们去看您，大家听了都很高兴。

老师最近影印您的话给我们，其中有一句话说："人的眼睛长在前面，看到的只是别人的缺点，丝毫看不到自己的缺点。"起初，我觉得这句话没什么，可是愈想愈有道理，老师说这每一句话都"价值连城"，那师公您就是世界上第一大富翁啰!

我要学着跟您一样,创造一个最富有的人生。

祝健康快乐!

五甲×××敬上

这位小朋友,她只听到老师说"每一句话都是价值连城",就联想到"师公是世界上最富有的人",她要努力向上学习。这也是道理,她能用心听、用心思考,自然会想出这个道理。有理则世界各地行得通,只要我们多用心,人人皆是富有的人生。

77 知福、惜福、再造福

有一回台北、桃园、苗栗地区的老师回花莲举办了一次教师联谊会,有些老师带着他们的眷属一起来,所以有七八百人在一起。

那时,刚好慈济医院来了一通电话,说那天有三个急诊病例,都是大手术,又是同样的血型——AB型,所以需要大量AB型的血,希望有人赶快去捐血。但是常住众AB型的人很少,又有几个人感冒,只有一两位可以捐,于是我紧急向老师们呼吁。结果一呼吁就有十八位AB型的人,他们都争先恐后,很踊跃地去医院捐血。

还好慈济世界有这么多人,所以可找到十八人同时去捐,及时地救了三位开刀房里的患者。在生命关头,他们愿意去救人,这就是善性;一念的善,可以及时发挥一分布施的功能。

因此,平时我们就需要净化,恶不生,善不断,在需要之时,就可以发挥所有的功能、良能。过去每一个人都很惜血,其实健康人捐血可促进新陈代谢,而且一袋血就可能救人一命,何乐而不为。但是,内心若没有大爱,尽管呼吁的人在前面大声疾呼,也可能充耳不闻。

所以说心性到底是善、是恶,要看他们在这人生道上遇到什么样的因缘。我常说:我们每个人都很有福,遇到的都是好的缘,大家互相勉励往善的方向迈进,这是我们共同殊胜的因缘。

我们要好好把握这分好缘,要知福、惜福、再造福,社会才会更美好。

78 保持"静"的境界

　　天地宇宙间,万物共处,天空宽阔,小鸟可以自由飞行,飞机也一样能自在飞行,住在这自他皆能自由行动的环境里,我们无权要求飞机不要飞,汽车不要跑,所以我们要"反观自性",修养自己,使心地自静。

　　"静"即是心地最佳的风光,离心之外,无静境,一切的静与动完全依心的趋向而定。人生有多长? 生死起落之间到底有多少时间与距离? 没有人知道,所以应该要及时行善。

　　现今的社会,给人浮动的感觉,由犯罪年龄降低可以看得出来,现在的年轻人,血气方刚,脾气非常暴躁。据报载,某个学校一位小学生,只为了同学不肯把玩具借给他,一气之下,拿起水果刀,往同学身上刺了好几刀。这孩子才十岁,一生气竟然造下这种滔天的大罪。

　　像这种心理偏激的犯罪案例,年龄层逐渐降低了。问题出在哪里呢? 因为心理随着外境浮动,道德观念也跟着杂乱了,人生之所以造业就是由此而起。

修行即要时时保持这分"静"的境界,无论什么境界,我们都要将"心境"静下来。安定心念必须靠自己修养的功夫,凡事不计较,则凡事不觉得吃亏;喜欢计较的人,无法心平气和,反而常常吃大亏。

现在的社会充满动与乱的形态,心动则一切人事皆乱,因此造罪犯案者愈来愈多。能把心调理得清静,"静定心"即是道场。

79 出租儿媳

或许有人觉得会讲好听话的人就是好人。如果懂得奉承你的人就是好人;而不擅言词,但很认真努力的人,你却认为他瞧不起你,这样就是待人缺乏正见。我们应善恶分明,从一个人的行动去分析他为人的心态,不要只在声色上分别,如此才是正见。

我们的社会,有很多默默行善的人,他们辛苦付出,只为工作而生活,不为生活而工作,为人福利着想,不计辛苦、不计较付出多少,如此过得身心平安。像现在垃圾问题严重,有人就利用时间去做资源分类回收,而且是长时间的服务,这种人即使在垃圾堆里,也是令人钦佩敬爱,他不论走到哪里都是身轻心安。所以,对事要有正见,不应以利分高低,不因职位去分别贵贱,对事物都要有平等观。

对于事物、环境能够善解,才能事事正确培养包容力;见解正确,心就不会动摇,心定自然发慧。平常人对事物是用常识去分别,应要学佛用智慧。常识能分别周围的事物,而智慧则能更透彻地了解一切人事。

慈济志工分享了一个个案——医院有一位八十多岁的老阿伯,医师说他已经可以出院,但是,他不愿意出院,原因是老阿伯有十一个儿子,但儿子媳妇都不孝顺,回去没人照顾。老阿伯在医院反而觉得比较温馨,所以,他不要出院。

这位老先生一生付出许多心血,把十一个孩子养大,而且孩子各个事业有成,有的甚至到国外深造,我们可以想见,他年轻时一定很辛苦。若用知识去分析,他有十一个孩子,现在应该可以含饴弄孙,享受天伦之乐,但是事实却不然。若以智慧去观察,则应知众生一切都是空,来是空、去也空,所以,我常说"人生没有所有权",对子女没有所有权,连自己本身都无法随意控制了,何况其他?而且恩怨自有前因。

有位从日本来的法师说,这类的问题在日本很多,所以,日本有种新兴的行业,就是"出租儿媳",专门陪伴老人,租金每天一千美元。我觉得这行业赚钱真容易,只不过叫人家父母亲而已,而我们的志工,天天在医院里,不知叫多少人爷爷奶奶、爸爸妈妈,又帮他们洗澡、按摩……这都是不计代价的,也没有人算本钱。他们的亲切服务,让病人依依不舍，像这样和他自己的子女差别有多少？

总之，智慧能透彻人我是非和人生世俗的情关，一切都能海阔天空，我们应以智慧踏上人生的菩萨大道，用心突破世情难关。

80 有没有安乐死?

"百善孝为先"是做人道理,很多好事都是从孝开始,但太多人只知如何爱子女,却不知如何孝顺父母,难怪现在很多人说"孝子"是"孝顺儿子",不是孝顺父母。

慈济志工说了一个让人非常感慨的个案——有位七八十岁的老母亲,她有四个子女,说起来似乎很好命,但生病住院时,却没有人来看她,一个人很孤单落寞。她虽然中风,只是半身不遂,头脑还很清楚,她很抱怨自己得了这种病,而照顾她的儿女、媳妇竟然彼此计较谁比较有空怎不来照顾,谁照顾的比较少。看到这位老人很可怜,我们的志工就常常去和她聊天。

一段时间后,半身不遂要复元已没希望,医师说可以办出院在家调养。出院那天,她的儿子、女儿要用轮椅接她回家,推到楼下时,儿女边走边讨论什么时候母亲要到谁家调养,有的就说因为住楼上不方便。结果在办手续时,儿子竟然问办事员:"医院有没有办安乐死?"老母亲才病没多久就这样推来推去,最后还问"有没有安乐死",这竟然是儿子对母亲的心态。

以前母亲为了养育四个子女,无怨无尤地付出疼惜与爱护,让他们完成学业,一段很辛苦的岁月过后,直到该嫁的嫁,该娶的娶。相信小时候无论哪个孩子生病,当母亲的都是心急如焚,像咬到任何一只指头都会痛一样。但等到老年后,孩子是孩子,母亲是母亲,母亲有病痛儿子却觉得很厌烦,从小照顾他、喂他这种亲子之情,竟已消失无踪。

81 科学化的佛法

在佛教的教义中,探讨人生的方式真的很科学化,《佛说父母恩重难报经》里,佛陀详述一名受孕妇女,由第一个月至第十个月中,胎儿在胞胎的发育情形。当我讲授此经时,真的令我很震撼,甚至有一位妇产科的医师对我说,为什么师父不是学妇科,也不是医疗人员,竟能将妇女孕育生命的过程,说得很清楚,让人很容易明白。我告诉他:"佛陀于二千多年前,在没有先进仪器的情况下,就能说出受孕妇人的生理和心理上的变化,这是佛陀的智慧啊!"所以,佛教一点也不迷信。

子女和父母的缘如何而来?佛陀在此经中也有交代,这就是一种业缘。我们一般人所说的"命运","运"就如"气"的运作,有了动作的意念,业就产生。佛教中称为"业力",普遍就叫命运,这是一股力量,由不得自己。像一颗种子,任何一棵树都是由一颗种子开始,种子植入土中,有了水、阳光、空气,慢慢因缘成熟,就发芽以至结果,正所谓"种瓜得瓜、种豆得豆"。以现在的医学名词来说,就是"基因"。

孩子的血统,一定由父母传衍而来,是业力的一种牵引,若以基因来分析,基因就像一颗种子,种子的遗传来自一棵果树,因果绵绵延续。

82 宽心原谅

一对姊妹由慈济委员陪同前来，她们的母亲也是慈济委员，因车祸往生，由慈济人协助处理后事。

我对她们说："妈妈过世了，应该为她祝福！你们要坚强起来，不要一直陷在悲伤的情绪中。"这对姊妹很听话，马上擦干眼泪。

我又问她们还有什么亲人？对这件事打算怎么处理？她们说有舅舅，舅舅要向对方要求赔偿，因为气不过肇事者连来探视都没有。

我劝她们："妈妈的命到底值多少，能用金钱衡量吗？不要计较了。对方现在一定很害怕，因为这种痛苦的心理而逃避，你们应该原谅他。何况你妈妈一刹那间就走了，没什么痛苦，你们应该祝福她'快去快回'，别再为此事多起烦恼。"

两姊妹说："是呀！还好有这么多慈济的师姑、师伯帮我们，把妈妈的后事处理得这么好，我们实在很感恩。我们会听您的话，不再和对方计较，即使他没来探视，也不生气了！"

　　这对姊妹以慈济人的心去体谅别人，做到"普天之下没有我不原谅的人"，她们抱着菩萨宽大的爱心去原谅对方，如果人人都能保有这样天真单纯的心，还有什么好值得计较？若能时时放宽心胸，行在菩萨道上，多去关怀普天下的众生，则一切海阔天空。

83 美要从心开始

人生多数在颠倒中追求，追求美是人的天性，但是，很多人却只会向外追求，以五花十色的宝饰装扮自己，由此渐入颠倒烦恼之境。

曾有一位妇女向我自述过去的错误，她说："过去我很爱漂亮，非常喜爱珠宝，看到珠宝不论它多少钱，总是要设法买下来。了解慈济后，我看到慈济委员们的无欲、无求、无贪，每次看到她们都是身穿旗袍或者"蓝天白云"，她们每天那么快乐，每一个人看起来都很美……"

因此，她开始反省自己：像我每天用珠宝装扮自己，但是，比起来还是委员漂亮啊！她们虽然没有戴装饰品，可是从心里所呈现的美感，让人看了非常舒服。

她听了我谈话的录音带，愈是觉悟到过去的虚荣，于是和一位委员来见我，委员替她说：这位太太，她抱着万分惭愧的心，要向师父求忏悔，而且要把宝物捐出来，让师父换成建筑的材料。

心宽念纯

她从皮包里拿出两包东西，看起来不太起眼。打开来，里面是五花十色的饰品，有耳环、项链、翠玉……我问："这是什么？""是南洋珠镶钻石的耳坠子，一对要几十万。"另外还有两个项链坠子，合起来将近一百万，还有一块翠玉四五十万……这许多东西在我眼中只是一些绿的、白的、透明的珠子而已，可是却值两百多万元。

直到现在，她才知道保管这些宝物很累，心里经常记挂着它们，让自己很烦恼，所以，她以恳求、拜托的心要我把这些珠宝变成建材。我问她身边的儿子："妈妈捐这么多东西，这些将来你结婚时都可以当聘礼的，你会不会觉得很可惜？"她的儿子很轻松地说："这是妈妈的，只要她欢喜，我怎会有意见呢？"

美要如何追求？应向内心探求。美要从心开始，培养美"德"，就有德香；培养气质，自然气质优美。知道如何待人接物，如何付出而无所求，这种人最美，这种人生最可爱。

84 父母情深

　　曾有一位中年人带着弟弟来见我,对我说:"弟弟很想不开,因为他太太患有严重的红斑狼疮,他说如果太太的病治不好,他也要跟着去。父母亲听了很担心,母亲整天以泪洗面。"

　　这个家庭原本只有一个病人,结果又多了三个有心病的人。我向那位想不开的年轻人说:"人生的目的不是只为一个人而活!"我反问他:"你跟着父母几十年了?"他就把头低下来。我再问:"你跟太太结婚几年了?"他答:"八年。"我说:"你跟太太才八年的感情,她生病你就想死! 你和父母亲有三十多年的亲情,他们从小把你养大,照顾你、疼爱你,你有个病痛,父母就肝肠寸断地关怀,而你竟然漠视这几十年的亲情?"

　　我看他抬起头来,似乎大有所悟,我又对他说:"人有病痛是难免的,既然太太得了病,你要尽做丈夫的责任,再来就是听天命了。现在的医学这么发达,你应该尽力替她治疗,如果她的业缘如此,也要为她祝福。而你更应该让父母放心,万万不可让几十年的感情就这样丧失掉,忘记父母的恩情,那是不对的。"

人生往往有一个共同的模式:父母关心子女一辈子,从子女呱呱落地开始,直到父母年纪很大了,甚至到最后一口气,都还在关心子女,这就是父母心。

我曾看到一篇故事,发生在日据时代。有一位年轻人被抓去当军夫,父亲在儿子的包袱里放了一个大饼和四件换洗的衣服,无奈地把儿子送到集合地点,才依依不舍地离去。

从那天以后,这位父亲每天都会到和儿子惜别的地方去等,盼望孩子有一天会回来……事实上,他的儿子已经战死沙场了。这位老父亲不知情,仍然天天去等,二十年风雨无阻。

他的媳妇知道先生战死的消息时,身上怀有遗腹子,听到噩耗,她真是痛不欲生,但不忍心将这残忍的事实告诉公公。公公每天都等着要接儿子回来,她看了内心多么难过。于是,媳妇每三五个月就请人帮忙写信,当作是她丈夫写回来的信件,老人收到信后就比较安慰,认为有信回来了,有一天儿子也会回来。

这虽是一场虚幻的安慰,却很感人,感人的是父子的亲情,更感人的是这位媳妇这么孝顺。她结婚没多久,先生就离家,她却能守住家庭,把女儿生下来,又明知先生已战死沙场,却仍然一心一志守着女儿,孝敬公公,还想尽办法,让公公安心,实在很令人感动!

我们学佛就是要学到能感动人,能感化人,不可因一念之差,而造成错误的行动,以至伤害自己,也伤害别人,让人在背后批评。所以,要真正用心注意,守好自己的行为。

85 尊重所选，任事有担当

人事的确是相当难解的问题，常听人说："我的压力好大。""我充满无力感！"难道我就没有压力吗？但我的压力如何说？又要对谁说呢？

总是菩萨游戏人间。舞台上的人生本就有泪、有笑、有欢乐、有悲哀，这样的戏才有趣。凡事何必太认真而想不开呢？

所以我常期勉慈济人扮演好自己的角色，任事要有担当。天下灾难这么多，救人的慈善工作不能停，尊重生命的医疗不能不补足，社会媒体过度负面报导的现象不能不拨乱反正，教育的志业更是不能停。

我们不要埋怨，也不要后悔，因为这条路既是自己选择的，如何坎坷也一定要坚持走下去。

如果每个人都深入了解自己的人生使命，快乐地、称心如意地工作，尽管事情很多，做得很辛苦，一旦选择，也要勉励自己付出无所求，才能轻安自在。

86 母爱就像长流水

　　佛法就在生活周遭,无论一花一草都是活生生的佛法。有时我到水池边,看到水池的水每天都从上向下流,这个水池没设计出水口,但这水每天一直在流,却不曾满出来,可见水仍回归于大地。人生亦如此。

　　人生的道理应该不断往上追求,像凡夫要追求圣人崇高的道德修养。既然大家都知道佛菩萨的境界是我们追求的目标,就应该要学佛,要行菩萨道,行菩萨道则要付出,要舍掉自私自利,舍掉自己的享受,投入人群把良能付出给众生,这才是菩萨的行持。没有经过长时间的辛苦,如何能到达清净光明的境界,所以一定要力争上游坚持力行。

　　记得多年前,有一个两岁的孩子,在一家店门口失踪,做妈妈的吃不下也睡不着,找孩子找得快发狂。孩子的外婆看到女儿找孩子找得辛苦,要去问神、问乩童,出门后却被车子撞倒,两天后伤重不治往生。

　　孩子的外曾祖母已九十岁,听到女儿往生,受不了刺激,中风了,拖了两年多也往生。只因一个小孩失踪,使得全家风云变色、愁云惨雾。十几年来这位失去孩子的妈妈每天以泪洗面,在孩子的照片前叫着孩子的名字:"孩子,你在哪里,怎么不回来?"望子归来的心未曾改变。

亲情就像水,从无间断地由上往下流,母爱长流水,而孩子对父母的孝心呢?

学佛要从做人开始,有今天的水,其根源就是从上流下的,所以爱子女是天经地义的道理,对小孩负责并付出爱是应该的,但是要回视自己身体从何而来,反哺之恩就是孝道;孝是百善之源,有孝心的人,才是真正行善的人。尤其学菩萨道、学佛的人要学大孝,视普天下老者如父母,对老人要有恭敬爱护的心,恭敬爱护就是孝——孝养普天下的老者,视如亲生父母。

这是学佛者行菩萨道的起步,在家对堂上活佛——父母要用心;若只想自己的儿女,忘了长辈的恩情,就不像人了。

87 卖专心

在台中有一对可爱的小兄弟——郭镇元、郭镇宇，几年来不断地努力学业和赚工资，只为了帮助我建医院、盖学校。兄弟俩虽然年幼，但从三四岁起，就懂得发心助人了。

早年为了大陆赈灾，小兄弟听了妈妈的叙述后，也懂得发挥同胞爱，和妈妈约定要省下零食的钱——一年之中都不吃零食，然后一人各捐一万元救助灾民。

之后我为援助某国而呼吁，妈妈把这个国家的情形告诉他们，兄弟俩就和妈妈"打禅语"。哥哥郭镇元说："妈妈，您今年要不要'买'些什么东西？我可以'卖'给您！"妈妈一时无法会意，弟弟接着说："妈妈，我可以三年不吃零食。"

妈妈说："现在不吃零食，对你们没什么稀奇了！"小哥哥着急地说："妈妈，您到底要买什么吗？"妈妈说："你们平时很粗心，写字经常少一点、缺一撇，都是因为这样被扣分，我今年要买的是'专心'！"

这位妈妈真是用"菩萨心"在教育孩子，她把十张千元纸币换成一百张一百元的钞票。然后拿了两叠钞票对孩子说:"一万元是这么多哦!买你们一年的专心,实在很贵。你们要好好专心哪!"

孩子各自拿到一万元,他们很珍惜地用信封装好,对妈妈说:"妈妈!我还有私房钱,可不可以也一起捐?"妈妈问:"你们怎么会有私房钱?"孩子说:"是阿公、阿嬷、舅舅他们给的啊!要给我们买玩具的。"小兄弟把私房钱也拿出来,当天下午就拿来交给我。

他们告诉我:"师公,这是我们卖专心的钱。"乍听之下,我也不懂什么是"卖专心",问了他们的妈妈,她才告诉我这段"母子之约"。

修行的道场,禅师会彼此打禅语,他们母子也像是在"打禅语"。小小的孩子能够这么用心,在日常生活中,他们战战兢兢,不敢做错事,目的无非是要让父母欢喜、赚得工资,这些钱全数都捐出来建学校,盖医院。有特别的活动,他们就想办法,另外再赚钱。

从这对兄弟身上,知道他们不只有爱心,而且很用心。反观有些人生经历的大人,应该比孩子想得更透彻吧!

88 甘愿做,欢喜受

　　有几年,每当我由小路往慈济医院的路上,经常看到一位先生用轮椅推着老人在那儿散步,清早和黄昏的时刻都遇过,他真是个孝顺的孩子,听说他的父亲已中风多年。

　　后来他的父亲再度发病,送到慈院治疗。

　　有一天,我到病房去,同病房的患者在里面,唯独一张病床是空的。我问:"这位病人到哪里去了?"患者及家属都异口同声说:"那位年轻人送他的父亲去复健!"那时,我还不知他们口中的年轻人就是那一位,出来在走廊上,刚好看到他把父亲送回来,才知道原来就是我经常在路上遇到的那位年轻人。

　　我赞叹他很孝顺。他说:"这是应该的呀!"由他的表情可感到他的真诚,他推着父亲到病房里,让老人家安适地躺着。那时,我还在走廊和其他病患说话,他出来很诚恳地说:"师父! 我要请问您一件事。"

　　我问:"什么事呢?"

他说:"我应该怎么做才能让父亲的业障消除?"

"你觉得应该怎么做呢?"

"有人说如果燃指发愿功德回向,这样可以报父母恩,父亲的病会好得快。"

我说:"你错了! 不要做傻事! 你的身体是父母给你的,千万不可损伤自己的身体,若损伤自己是大不孝呀! 这不是报父母恩。真正的报恩是:你和你父亲所有的共业,你要甘愿做、欢喜受,因为这是你们过去生的共业。侍奉父亲是应尽的本分,你的心不可有丝毫的厌烦,这就是尽孝道。"

他说:"那我明白了,原本我想,如果能让父亲的病快点好,即使要我燃掉一只手,我也愿意!"

"年轻人,你的前程还很远,千万不能伤害自己!"

"我明白了,我要甘愿做,欢喜受!"

平常人推轮椅,总是站着推,和病人有一段距离,而他总是弯身以脸颊贴着父亲,因为他父亲的头会一直歪斜,必须这样才能扶正老人家的头。除了大雨天之外,若是下着小雨,也会看到他一手撑伞、一手推着轮椅,陪他父亲散步,几年来无间断。他日夜都随侍在父亲身边,这也是"甘愿做，欢喜受"。

　　人生就是这样，有很多无奈的事，"业"从过去带来，现在要完全承受，现在若没有受尽，以后生生世世还是无穷尽地受业。所以，我告诉他要"甘愿做，欢喜受"，而他也做到了。

89　叹儿不孝的老阿公

　　有一位老阿公被送来花莲慈院急诊,志工们打听出阿公有两个女儿,一个住台北,另一个在花莲。志工打电话给花莲的女儿,她说:"他在台北也有女儿,怎么不去找她?"志工再打电话给台北的女儿,她也说:"我住台北,离花莲那么远,他在花莲有女儿,怎么不去找她?"志工只好再劝花莲的女儿说:"你爸爸已经很严重了,赶快来看看他吧!"

　　花莲的女儿终于带着食物来慈院,阿公当时因为整天戴着氧气罩,不太舒服,护理师让他暂时取下。女儿进来看见,将东西重重一摔,不高兴地说:"奇怪!已经会说话了,为什么还要叫我来?"说完,转头离开。阿公伤心地摇头叹气:"她既然有心来看我,还带食物来,为什么看到我情况还好,竟然气冲冲地转头就走?"

　　阿公非常感慨,自己还有一口气在,女儿就这样对待他,如果他往生了,她们会如何动用他的财产呢? 其实,阿公已经将土地都分给女儿了,只留一些现金在身边。女儿一直向他索取这些现金,他想自己生病很花钱,没有答应,女儿因此很反感。后来,女儿娶媳妇向爸爸借十万元,他虽然答应借钱,但要求收到礼金之后要还他。女儿记恨在心,后来虽然还钱了,却说:"已经还你钱了,以后有事不要找我!"

阿公原本有一栋房子,打算孙子长大后给他们,自己则住在一间铁皮搭盖的小仓库。女儿娶媳妇后,向爸爸说要重建仓库,却对爸爸的去处毫不关心,也未设法安排。对于女儿的种种行径,阿公频频摇头叹息:"世间哪有这样的女儿!"

人经常为钱起争执,却不知留得长情在,才是幸福人生。身为子女,要知父母是孩子的"模",如今怎么对待父母,将来孩子就有样学样,这就是"草绳拖俺公,草绳拖俺爹"的道理。

有许多父母很注重孩子的学业成绩,花钱让孩子上补习班或才艺班,平时也尽量供给孩子富裕的物质生活。这固然是疼爱孩子,但培养孩子具备忠孝信义的品德,才是最重要的。

毕竟家庭是社会的基石,有健全的家庭,才有安定的社会。

90 乞讨是兴趣

　　有一位富裕的老太太,子女都已成家立业,虽然她非常富裕,但是常常觉得很无聊,所以喜欢打扮成乞丐,每天到车站和市场乞讨,几年来风雨无阻。后来一位认识她的邻居看到了,就向布施的人说:"不要给她钱,她家很富有。"这件事被传开了,有人告诉她的儿子、女儿和媳妇们,子女们听了几乎不敢相信。

　　事情证实后,她的子女们一齐向老太太抗议:"妈妈!您这么有钱,为什么要行乞呢?"老太太说:"这是我的兴趣,有什么不对吗?"事实上,她也没什么大错,不过,她的子女不能接受,劝了好多天,后来决定要看住母亲,不让她出门去。

　　老太太只好听子女的话,不打扮成乞丐,但是,每次到了那段时间,她还是站在街上呆呆地看着人潮,又到市场痴痴地望着行人。她虽然富有,但是心灵多么空虚贫穷。

　　人的本性原本平等,富有爱心。但是,因为在六道中轮回不断,因此习气不断地熏染,有的是悭吝、有的易怒、有的愚痴。而善根较深的人则于善道中来回,在人间菩萨道上,不断地付出爱心,以发挥爱为最大的享受,这也是熏习而来的习惯。

天生自性无善无恶,世间没有一定的善人或恶人,所以才要修行,修行就是熏习那份最天真、最清净的慈悲本性。

91　不忘本的人生

　　久远以前，据闻某个民族的祖先，曾三代同堂——有老人、儿子及孙子，老人一生劳碌，年老后在家安享天年；儿子工作很认真，也很孝顺，常侍奉老人。但光阴一年一年过去，老人身体渐渐转衰且病，儿子也步入老年，体力大不如前，却依旧努力工作，侍奉老人。渐渐地，他感到疲累不堪，心想：父亲迟早会死，死了还要送到山上，不如提早送去，否则将连累自己。儿子便亲手编织一个大篮子，并煮了一只鸡请老人吃，然后请他坐在篮子里，自己背起篮子，并带着孩子一起上山去。

　　老人以为儿子请他吃鸡，又体贴他许久不曾上山，所以今天背他上山，心里高兴儿子这么孝顺。到了山上，儿子抱起老人安放树下乘凉。老人触景生情，不由地说起："山上哪棵树，我不曾捡过柴？年轻时的辛苦，就是为了维持家庭，如今旧地重游，真是既亲切又高兴！"儿子只听到父亲说得很高兴，孙子听得很感动，觉得阿公年轻时为了养家，真的好辛苦。

黄昏时候，儿子请老父坐在树荫下，自己带着孩子就往山下走。太阳下山，快到家时，孙子惦记着山上的阿公，问父亲，才知父亲竟然认为"阿公老了，没有用了"，所以要将阿公永远留在山上，聪明的孙子就向父亲说："阿公没有用，但篮子有用，可以捡回来，以后就用它来背父亲上山。"父亲听了，内心警觉自己的不是，不该有这种不好的示范给儿子看，他赶紧上山想将父亲背回，可叹的是老人已经断气了！

失去老父的儿子非常伤心，痛哭流涕，悔不当初；就将老父与竹篮都背回来，为老父安葬后，在坟头种了一把草，再用篮子盖在草上，告诉父亲："您安息吧！我种了这些草，用篮子盖起来，让您比较凉快些。"

故事流传了下来，形成了当地人丧葬的风俗仪式；仪式内容的深层意义，旨在教育代代子孙——不忘本。

人如果忘本，人生就容易背道而驰。如果知本报恩，才能显现人生的价值。不论是父母、师长、兄弟或是社会人群，我们都要心怀感恩，能够知恩相报，就是不忘本的人生。

92 执著"骨灰"的烦恼

一位女士由朋友陪同而来,希望我为她开解心结。这位女士之所以愁绪难解,是因为置放其母骨灰坛的寺宇遭受回禄之灾,骨灰坛随火湮灭,令这位女士挂心不已。

我对她说:"骨灰坛被烧毁,其实和你母亲一点关系也没有,是你自己看不开而已。你若能将心结打开,才是对你母亲最好的祝福。"

"母亲才刚过世一年……"女士放心不下。

"她已经再来人间了! 不要执著骨灰的事,人往往就是因为执著而造业不休。"我向这位女士说,要自在处红尘:"世间上所有的一切,都不可能永远不变,总是在生灭之中。所以要认清无常的真相,凡事潇洒些。"

我向她说起蔡林月珠老阿嬷的故事,阿嬷住进心莲病房三个月,但从无一天露出愁容,总是笑脸迎人,甚至大家拿往生被给她看,她也很自在地赞叹很漂亮,还请人让她先试盖一下。

人往生后,灵魂脱体,剩下的躯壳已与本人无关了,为何还要那么记挂,绑着自己不能解脱呢?其实解脱不是在死后,而是在现在就能够明白道理、对事情看得开。

这位女士除了骨灰的事,还挂虑着是否要请法师超度。我告诉她,各类信仰的种种法事皆是因人而起,是人心不安才有这么多仪式,所以不必太在意仪式如何,毕竟,安心要靠自己。

将牵挂骨灰的心,扩大去关怀更多人——那些真正有生命的人。尚有那么多苦难的人,我们要做的事是那么多,应该将心用在人生真正重要的事情上。人有孝心,但孝心的表达是否有意义,就要用智慧判断;要化小爱为大爱,若只在小爱里烦恼,世上很多重要的事就无法安下心来做了。

93 婚姻的红绿灯

有一对夫妻,结婚前丈夫承诺太太共组"小家庭",刚开始,先生很听太太的话,也很照顾她,但是,经过一次出国旅行事件,先生为了节省住宿费,让母亲和夫妻俩同住一房,于是,太太心里有"结"了。她想:"过去我提出的条件是要组织小家庭,为何渐渐有'第三者'介入?"

先生则认为:"为人子女,应该也要顾到父母、兄弟之间的亲情。"为了妻子就不能和父母兄弟往来,他也觉得受不了,因此,彼此的心结无法解开,家庭气氛愈来愈坏,甚至为此而闹离婚。

先生提议离婚时,太太还不认为自己有错,直到有人拿慈济的录音带和《慈济道侣》半月刊送给她,她听过之后,心中非常震撼,从此渐渐接近慈济人,听慈济人讲的话,很多感人的故事,让她得到反省的机会——我是不是也有错呢?她慢慢地觉悟了,觉得别人能够说改就改,为何自己不能?

有一天,她把水果切得很整齐,然后端到先生住的地方

去,先生开门见到她,怒气冲冲地说:"你来做什么?"她说:
"送水果来给你呀!"先生接过水果,"碰"一声把门关上了。

那时,她心里很难过——我现在已经降低姿态,好意拿
水果给你,你还生我的气! 还好她记得师父说:"一粒种子
种下去,要经过一段时间才会发芽,然后至少也得三年才会
结果。"她想:对啊! 过去我做了那么多惹人生气的事,现
在才播下一粒种子,我必须再努力。

于是,她继续把先生平时爱吃的菜和水果送过去,也想
以温言软语来打动先生的心。但是她先生仍是不理不睬,
还说:"我们的离婚证书都写好了,现在就少了证人盖章,你
找证人来!"

这位太太心里非常难过,但是,转念一想,她知道必
须应用智慧和方法,她冷静地回答:"找证人,你必须给
我时间呀!"

过了一段时间,她先生又问:"你找到了没? 我已经
找到证人了。"她开始以拖延的方式回避,有一天先生载
她到法院要办理离婚,她说:"你看! 这么明媚的天气用
来谈离婚,实在是煞风景。我们不要再谈离婚了,带着
儿子回来吧! 你们回来,我们就有一个既热闹又美满的

家庭。"

　　因为太太有了一百八十度的转变,无论先生态度如何,她都面带笑容,甚至会主动提议:"我们回去看妈妈!"先生听了也非常欢喜,终于拯救了这个濒临破碎的婚姻。

94 心是罪之源

佛的弟子阿难被外道行者问道:"你的家庭生活如此富有,且又有崇高的族姓,你为什么要出家?"阿难回答:"因为人间充满陷阱,尤其是色声香味等一切诱因,它们在日常生活中,总使人高兴或生气。我想摆脱境界的诱引,所以随佛出家,探讨为何眼、耳、鼻、舌、身、意会被色、声、香、味、触、法所诱引,源头何在?"

外道行者听了不很满意,他想:"人生在世本来就活在色、声、香、味、触中,有什么好探讨?"他不太高兴地离开了。

阿难就去请教佛陀,看他有没有说错话,为何对方听了不满意。佛陀说:"你回答的没错,只是他还没有找到他的心。"

心是罪恶的根源,但心也是造善的根本,端视自己要让它朝什么方向而定。一位十八岁的美国少年被判死刑,而犯案是在十四岁时。他的父母在他很小的时候就离婚了,他跟着父亲生活,而父亲是警察,公务繁忙,因此他大部分的时间都是一个人孤独地过日子。

有一天,父亲去上班,他在家很无聊,就拿一把枪到街上走来走去,那时刚好有一位会计师办完事要坐车,这小孩就走近用枪押着他到无人的地方。会计师身上全部只有五六美元,小孩把这些钱抢走,但没有放人,他押着会计师到郊外,又用移动电话联络他的朋友,两人就共同追问会计师的住址,要知道他的金库在哪里?会计师不肯说,这孩子竟然用枪对着会计师的脑部连开十几枪。

几天后,小孩被抓了,因为他的朋友去报案,不久,他被判死刑;宣布死刑那天,正好是他十四岁的生日。

这就是心的作用,年纪轻轻的少年应该是上学的年龄,而他却没有去上学,闲得无聊在外闲荡。他竟然轻易拿到枪支和移动电话,可见那是多么自由的社会,但是太过自由,犯罪的机会也多,这都是因为对心和行为缺乏约束的结果。

95 善的熏习

庄子曾说:"万物自然皆平等,但是物却自贵而相贱。"世上之所以有分别,就是因为"有我",而且自以为高贵、比别人强;为了提高自己,就去压制贬低他人,这是众生的心态。

其实,自己是否高贵,要由别人去评断,不是由自己标榜的。我们要好好努力,回归自己的本性自然,才能达到真正的高尚。有时候看到人与人之间彼此争斗,到后来有什么意义呢?争的结果只是苦不堪言。

佛陀在世时,有一天,舍卫国的国王去礼拜佛陀。佛陀见到国王就说:"国王,你看起来似乎很疲倦的样子,你从哪里过来的?"国王回答:"我真的累得很,因为国内有一位长者最近往生了,他的家财多得难以计算,却没有子女继承。现在所有的财产要充归国库,他的东西实在太多了,我已经来回好几趟,还无法算清。"

佛陀问:"既然他没有子女,为何在世时,不做一些对社会众生有利的事呢?"国王摇摇头,说:"他在世时一毛不拔,不仅对家奴吝啬,对自己也很节俭,甚至连娶妻也觉得是一种浪费,因为娶妻要生子、养家,都得花钱。"

佛陀说:"这样的人其富如贫,虽然他财富丰厚,但和穷人有什么差别?"众生就是看不开,这种人是世间最可怜的人!

人为善为恶与外在的环境关系很大,所以修行道上和人群的关系也很重要。修行要将恶的习气除掉,把善的习气留下,如能回归本性,无贵贱之分,对众生喜舍付出,自然能从凡夫地,迈向菩萨欢喜坚固地。

96 菩萨道是圆形运动场

那一年，蔡林月珠老阿嬷住进心莲病房，我关心她老人家，总是尽量抽空前往探望。阿嬷口鼻戴着氧气罩，加上体力不济，讲起话来声音微弱，得仔细听才听得懂。阿嬷看到我很高兴，一旁有人说，阿嬷决定捐赠遗体给慈济医学院，我赞叹她很勇敢，是生命的勇者。

阿嬷说："不知道能不能跟得上师父的脚步？"

"跟得上的！"我肯定地对她说。

"希望如此。"阿嬷缓缓说道："我会努力！"

菩萨道上永无止境，就像一个圆形的运动场，有时我们跑在前头，别人在后面跟着，有时又变成别人跑在前面，我们在后头追着。所以，别担心自己所做的比不上别人，来生再继续努力就是了。我以譬喻的方式，来开导阿嬷看开生死。

谈话时，我看到病床上方贴了一张大母猪的照片，还有许多玩具小猪装饰在病床四周。

　　原来那是阿嬷心心念念牵挂的恩人"阿贵"——从前阿嬷养的一头母猪。那头猪每逢阿嬷的子女注册时就生产小猪,供阿嬷卖钱让孩子缴学费;虽然阿贵已往生多年,阿嬷对它的感恩丝毫不减。

　　诉说着感恩的阿嬷,面容很慈祥,真是可爱的老人家。"要努力,要勇敢,我们走在圆形运动场一般的菩萨道上,等着你再来喔!"虽然阿嬷也往生多年,至今我仍记得对她所说的话。

97 亲情变成烦恼情

要如何做才称为"菩萨"？菩萨的意思是"觉有情"——已经觉悟的有情人；而众生则是迷情。众生与菩萨只是觉与迷的分别而已。"觉"是觉悟，能体悟天下众生本性一如，叫做"大我"。而"迷"呢？就是众生分别小我个体，我是我，你是你，他是他，把整体的大我分割成你、我、他，就会有分别心；有了分别心，烦恼即生；有了烦恼就开始造业；有了业，就有苦乐。

苦乐的分别，不在于钱，只在一个"情"字。有钱的人快乐吗？其实，往往有钱的人比没钱的人更苦！那是因私情起了变化，失去单纯清净的情。

几年前，我曾听过一个大企业家族的故事，这个家族里的一个兄弟告诉我他很苦恼。他说："现在，我实在很不希望有名利，名和利只会让我心烦。"他记得很清楚，小时候虽然家境贫困，父亲和姑姑兄妹俩都很和睦，妹妹尊重大哥，什么事都让大哥；做大哥的也很爱妹妹，有什么东西，都会先想到妹妹。看父亲和姑姑的感情那么好，无形中也影响到他们三个兄弟。

那时候他们常常穷得没饭吃。有一天，上学之前，他母亲勉强在锅里捞出两碗八分满的稀饭，但是兄弟有三人，这两碗八分满的稀饭到底要给谁吃？那时他们三兄弟互看一眼，大家都说："我不饿。"大家让来让去，最后那两碗稀饭还是留在家里。

这三兄弟背起书包出了大门，大哥才说："老实说，我肚子好饿呀！"老二说："我实在很想将两碗稀饭通通吃下去，不过一想到爸爸和妈妈他们今天还得辛苦工作……"最小的弟弟说："我想爸爸一定又要留给姑姑吃，我即使饿了，也不敢去吃啊！"就这样三兄弟空着肚子到学校。

后来他们的父亲由做小生意扩展到大生意，成为一个企业家，他却发现父亲和姑姑的感情已经慢慢起了变化。最初父亲将姑姑安置在公司里，出嫁后，仍让她回来帮忙。后来，姑姑开始要为她先生争取职位，但姑丈的工作高不成、低不就，于是愤而挑拨是非，从此父亲与姑姑的感情慢慢疏离，甚至姑姑还回来和父亲计较她应分得一分财产。为了财产，这对亲爱的兄妹感情破裂了。不只是上一代的感情破裂,甚至连下一代、姑表兄弟姊妹也开始结怨连仇。

不只如此,他自己的亲兄弟也一样。他说:"我现在最头痛的,是我们三兄弟感情本来很好,现在却因为父亲身体不好,大家就开始计划,想要哪个公司,想要哪个工厂,想要哪一块土地……我实在很烦,身为大哥,我不知道如何说服两个弟弟,不要让父亲操心。"他父亲住院了,每当医师来诊治,他父亲就说:"不用看了,我的心病医不好,怎么能治身病? 一天到晚被儿子气,被妹妹闹,对人生真的感到很灰心。"

想想看,这是不是烦恼呢? 他们把情投注在名利上互相争执,这就是迷情。兄弟本同一体,兄妹也是同胞手足,这个家族是同一个血统,以学佛者言,这是一个大我,但是他们却把这个大我割得零零碎碎,把亲情变成了烦恼情。

98　改运不如改心

　　十九岁的少女,正值花样年华,应是亭亭玉立,散发青春的气息。但是,来访的少女,矮小、瘦弱,全身虚软无力,由姊姊抱着,母亲也陪伴在旁。

　　少女是肌肉萎缩症患者,五岁发病,已经历十四年病苦折磨的岁月。因为经常在电视上看到我的谈话,对我感到很亲切,所以要求家人带她来见我。

　　她虽然内心欢喜,然而,想到自己长年带病,仍难改忧愁神色。她再三问我对"得与失"的看法:"以前我行动自如时,反而没有朋友;得了病后,却有很多人关心我。我得到了朋友,却失去了健康的身体。有得必有失吗? 那么,师父会不会怕失去什么?"

　　我告诉她,我不会害怕失去! 一切是自然。该来的,要坦然接受;不该来的、无缘的,不要强求。不要老是去想自己失去了什么,面对病苦,再烦闷悲伤都无济于事,最重要的是要把心放开,乐观抱持感恩心。

　　这个女孩有七个兄弟姊妹,姊妹中有两人与她罹患同样病症,另有一人则是罕见的硬皮症,最辛苦的是她憔悴的母亲。

　　人生总是来来去去,只要是自然的死亡,并不可怕,就像睡着一样,醒来时已经换了个身体与家人了。如果我们多多培养感恩心,看到人就起欢喜心,那么再来的人生就会人见人欢喜,与其浪费时间伤心,不如把握时间培养好心、发好愿——愿与大家结好缘。

　　看着这位女孩,我告诉她:"未来如何,就看你现在能否放下烦恼。人生苦难多,我们要发愿再来人间时做个救人的人。能够心存好念、发好愿,当你再来时,必定会生在很好的家庭,有着很健康的身体。"

　　少女的母亲沉默不语,人生的担子这么沉重,多年辛苦不言可喻。我也劝慰母亲,有这样病情的孩子们,怨叹命运难免,但也要积极地去想,还有很健康的孩子,况且这女儿很聪明。不要与健康的人相比,要往下比,心情才会平衡。

99 悲伤的白狗

　　佛陀在世时,有一回游化到舍卫城,经过输迦长者住家,佛陀进去探望他,恰巧长者出门了,长者宠爱的白狗坐在主人座椅上,看到佛陀进来,很凶恶地向佛陀狂吠。佛陀很安详地对它说:"你前生贪财自私,见人有急难也不肯布施,所以堕入畜生道,现在仍然在家里守财!"

　　听到佛陀这一番话,白狗很伤心地趴在椅子上。输迦长者回家了,不见狗儿摇头摆尾来欢迎,唤它的名字也没反应,一副无精打采的样子。长者觉得很奇怪,问仆人原因。仆人说,佛陀对它说了些话,它就闷闷不乐。

　　于是长者不高兴地跑去质问佛陀,佛陀告诉他:"你知道吗?这只狗前世是你的父亲,现在仍执著地守着财宝。"

　　长者半信半疑,回到家对白狗说,如果真是他的父亲,就告诉他过去所埋的金银珠宝在哪里?白狗闻言,双爪立即在座椅下的土地一直扒。长者要仆人往那地下挖,果然挖出很多财宝。长者顿时悲痛难抑,抱着狗儿说:"为了守护这些财宝,你落入畜生道,这是何苦呢?"

故事中的白狗,生前贪执财物,不肯布施助人,死后投生成为一只狗,再回来为家庭守护财物。财物只是造福的工具,如果守财如命,不肯帮助别人,虽然眼前守住了财富,却无法照顾到将来,不知道往生后会轮回到什么地方?

我们在世间来来去去,要把握修学佛法的机会,努力学得透彻的智慧,否则将永远在烦恼迷茫中起惑造业,生生世世忧恼痛苦。

心宽念纯

100　执迷不悟的女儿

　　一对夫妻带着读高中的女儿一起来看我。这女孩身材削瘦,穿着紧身衣服,流露慵懒的气息,听到母亲陈述她的时候,杏眼圆睁一副不以为然的模样。她母亲说,女儿近来非常贪玩,经常流连在外,甚至到凌晨才回家,他们夫妻非常担心;女孩曾经在外出过事,更令他们不安。

　　"不怕一万,只怕万一,一万次里只碰上一次也是碰不得啊!很危险的。万一遇到不良分子怎么办?"父母的关怀表露无遗,但为人儿女的,一天二十四小时里,哪时会想到父母呢?

　　望着沉默不语的女孩,我劝她就要上大学了,一定要好好念书;父母苦心栽培,更要尽心把握。

　　"我没有让他们操心啊!"这对父母在一旁担忧落泪,女孩却感觉不到父母操心的理由,依然故我,还理直气壮地回答。

　　我告诉她:"有智慧的人将时间当钻石,而你却将时间

当石头,把人生白白浪费在贪玩上。可知道我们应该分秒
必争,珍惜光阴?"女孩摇摇头,不表认同。

见她执迷不悟,我也无可奈何,转而劝告这对父母:"你
们为孩子过分操心了,把心转个方向吧! 她不愿自爱,自己
要毁掉自己,你们只为她一个人烦恼太没价值了,不如以父
母心去爱别人的孩子,不要做傻父母了。"

这位女孩为反对而反对,拉不下脸来听从父母的话。
父母辛苦拉拔孩子,既不希望管教太严,又忧虑孩子出过
事,实在很难为。

父母的心真的很可怜,但愿全天下的孩子们照顾好自
己的心,莫惹父母伤心。

图书在版编目(CIP)数据

心宽念纯/释证严著. —2 版(修订本). —上海:复旦大学出版社,2012.4(2019.12 重印)
(证严上人著作·静思法脉丛书)
ISBN 978-7-309-08322-4

Ⅰ. 心… Ⅱ. 释… Ⅲ. 佛教-人生哲学-通俗读物 Ⅳ. B948-49

中国版本图书馆 CIP 数据核字(2011)第 152816 号

原版权所有者:静思人文志业股份有限公司授权复旦大学出版社
独家出版发行简体字版
慈济全球信息网:http://www.tzuchi.org.tw/
静思书轩网址:http://www.jingsi.com.tw/
苏州静思书轩:http://www.jingsi.js.cn/
版权所有 翻印必究

心宽念纯
释证严 著
责任编辑/邵 丹

复旦大学出版社有限公司出版发行
上海市国权路 579 号 邮编:200433
网址:fupnet@fudanpress.com http://www.fudanpress.com
门市零售:86-21-65642857 团体订购:86-21-65118853
外埠邮购:86-21-65109143
上海崇明裕安印刷厂

开本 890×1240 1/32 印张 7.625 字数 115 千
2019 年 12 月第 2 版第 5 次印刷
印数 17 401—19 500

ISBN 978-7-309-08322-4/B·402
定价:28.00 元